親が知らない保育園のこと

近藤敏矢
社会福祉法人
みなみ福祉会 理事長

はじめに

この本を手に取ってくださったみなさんは「保育」に関心を持たれているかと思います。

お子さんが生まれたり、今後、出産の予定があったりなどの理由で保育園などの保育施設について預ける側の立場から知りたいと思っていらっしゃる方もいるでしょうし、保育施設で働く保育士という仕事に興味があるという方もいらっしゃるかもしれません。もしかすると、すでに何らかの形で保育施設に関わっていて、「今の保育制度はどこかおかしいぞ」と感じていたり、何らかの思いを持っているかもしれません。

現在私は、名古屋市にて、社会福祉法人みなみ福祉会の理事長として、認定こども園など6つの保育施設等を運営しています。振り返ると、私が初めて保育業界に関わるようになったのは、父の事業を受け継いだ1999年からです。

1994年に名古屋大学大学院を卒業してからの5年間、NTTの研究職として日々変化の激しい最先端の情報通信の世界に身を置いていました。そんな私にとって、新たな職場となった保育業界で過ごす毎日は、戸惑うことの連続でした。旧態依然とした制度や習慣がまかり通っていて、まるでそこだけ時間が止まっているような感覚を覚えたものです。

一般企業であれば、時代の変化への対応が遅れることは命取りになります。しかし、福祉事業の一つとして法的に守られている保育業界は「いつも通り」を変えていくことのほうがリスクだという面があり、それは私にとっては衝撃でした。けれども、保育施設には、「いつも通り」のために解消されない不便や不都合が多々ありました。そのため私は、「このままでいいはずはない」「保育施設は変わらなくてはいけない」と強く思うようになったのです。

そこでまずは父から受け継いだ保育園の園長として、効率化を中心とした業務の見直しから進めました。現在は、複数の施設を運営する法人の理事長という立場から保育に関する業務や諸課題を見つめていますが、そもそも保育施設の本来の意義についての共通認識さえ保育業界の中で形成されていないのではないかと感じます。それが保育施設に対する無用の幻想を生み、新聞などでもよく報じられるような保育士の過大な負担をもたらす大きな原因の一つになっているのだと私には思えてなりません。

そして、利用する側である保護者の方たちが保育施設に対して何らかの不満を持たれているとしたら、その原因の一つは、保育施設のことが正しく理解されていないためではないかと思います。

「保育園落ちた日本死ね」というブログが話題になったのは2016年ですが、保育園に入所申請しているにもかかわらず入所できない待機児童問題はそれ以前から社会問題となっていました。2017年にはその数が26081人に達し、少子化により幼稚園の閉園が続いているにもかかわらず、保育施設は増加の一途をたどるという、保育施設にとって「待機児童バブル」とでもいうような時期を迎えました。

しかし、2006年からスタートした認定こども園制度などの施策によって、その待機児童数も急激に減少し、現在では「待機児童バブル」といったものはすでに終焉を迎えています。

保育施設の増加により保育提供量が確保されたことで、「今後は保育の『質』がさらに問われることになる」と指摘されていますが、世の中にある保育施設に対する誤解と幻想が残されたままでは、質の向上というより、親のニーズに応える「預かりサービス」の向上のほうに意識を向けざるを得なくなる可能性があります。そしてそれは保育施設の持続可能性を脅かすのみならず、日本の未来にも暗い影を落としかねないのではないかと私は危惧しています。

私が理想とするのは「保育施設がなくても誰も困らない社会」の実現です。

そのようにお伝えすると、「保育施設がなくなってしまうと困るじゃないか！」「保育に欠ける児童に対し、質の高い保育を保障するのが国の責任ではないのか」と多くの反論が予想されます。しかし、問題はまさにそこにあるのです。

つまり、保育施設のサービスをもっともっと充実させていくことよりもずっと大事なのは、「保育施設がなくても、仕事をしながら子育てすることができる社会」に変えることだというのが私の考えです。

もちろん一朝一夕で実現できる話ではなく、現状からすれば、私が抱くこの理想は、ただの夢物語のように聞こえるかもしれません。

しかし、今はまだ夢にしか見えないとしてもその理想を実現するための一歩を踏み出すために、今の私たちが考えるべきこと、やれること、変えられることはたくさんあるはずです。そこに一人でも多くの人に気づいていただけたなら、日本の未来は今よりきっと良くなるに違いない。

そう考えたのが、私がこの本を書くに至った最大の理由です。この本を通じて、保育施設についての仕組みや本来の意義、そして多くの人が気づいていない実態について正しく知っていただけたなら、さらには、より良い未来の日本をつくっていくためにこれからの保育がどうあるべきか、そのために私たちに

何ができるのかを考えていただくきっかけにしていただけたなら、著者として
これほど嬉しいことはありません。どうぞ最後までお付き合いください。

［目　次］

第2章 保育施設への過剰な期待が保育の質を悪化させせる

第3章

効率性に配慮してこそ保育の質は上げられる　101

第4章 「便利すぎる保育施設」が未来の日本をダメにする

第１章

あなたの知らない保育施設のリアル

この章では、保育施設とはそもそも何を目的とする施設なのか、どのように運営されているのか、といった、世の中の人たちになかなか伝わっていないと私が感じている保育施設についての背景や裏側をお伝えします。

「保育」とは養護と教育を合わせもつ言葉

保育園は児童福祉法第7条に規定される児童福祉施設の一つです。一般的に使われている「保育園」という用語は実は通称で、法的な正式名称は「保育所」です。そのため、役所の書類上、保育園に入ることは「入園」ではなく「入所」、保育園に通うことをやめることは「退園」ではなく「退所」と表記されています。

本書では、なじみ深い用語として「保育園」、または、類似の施設を含め、「保育施設」と表記します。

さて、児童福祉施設の「福祉」とは、広辞苑によると「公的扶助やサービスによる生活の安定、充足」を指します。その定義からすると保育園とは「何らかの理由によって保育を必要とする乳幼児」の「生活の安定、充足」ための「公的な扶助、あるいはサービス」を提供する施設だと理解することができます。

一般的に、保育園と幼稚園は同じような施設と理解されがちですが、児童福祉法第7条によると、「児童福祉施設とは、助産施設、乳児院、母子生活支援施設、保育所、幼保連携型認定こども園、児童厚生施設、児童養護施設、障害児入所施設、児童発達支援センター、児童心理治療施設、児童自立支援施設、児童家庭支援センター及び里親支援センターとする」と記載されています。

一方、幼児が利用するという共通点がある幼稚園は、満3歳から小学校就学までの幼児を対象とする、学校教育法に基づく教育施設です。学校教育法第1条にて、「学校とは、幼稚園、小学校、中学校、義務教育学校、高等学校、中等教育学校、特別支援学校、大学及び高等専門学校とする」と、学校の中で最初に位置づけされる施設として明記されています。

そのため、幼稚園は学校の一つであり、保育園は乳児院、養護施設等の仲間としての児童福祉施設という区分けが適切です。

このような両者の違いを見ると、「教育施設」である幼稚園のほうが乳幼児の教育に適した施設であるという気がしたり、「教育施設ではない保育園には教育を期待してはいけないのか」と考えたりする方がいらっしゃるかもしれません。実際、「保育園出身か、幼稚園出身かで、小学校に上がった後の学力に大きく差がつくのではないか」という心配されている方の声は、私も耳にしたことがありますし、また、「保育園には基本的に教育の時間はない」と有識者が断言している記事を目にしたこともあります。

けれども、決してそんなことはありません。

そもそも「保育」は、「養護」と「教育」であると、児童福祉法第6条の3の中ではっきり定義されています。つまり、保育と教育は相対するものではなく、教育は保育の一部、教育は保育に包含されるものだと法的に定められています。

保育園での保育と、幼稚園での教育の内容・基準は、それぞれ「保育所保育指針」「幼稚園教育要領」によるものですが、どちらも

1、子どもと保育者との信頼関係を基盤とする。

2、子どもの主体的な活動を大切にし、適切な環境の構成を行う。

3、子ども一人一人の特性と発達の課題に即した指導を行う。

などを基本としていて、特に3歳以上児の教育的機能に関しては、保育所

保育指針は、幼稚園教育要領との整合性が図られています。つまり、保育園は幼稚園と同様に幼児教育を行う施設として定められています。そのため、「保育園では幼稚園のような幼児教育が期待できないのではないか」といった先の懸念事項は、間違った先入観によるものだと言えます。

最新の指針では保育所＝幼児教育を行う施設と明記された

また、２０１７年3月に10年ぶりの大幅な改定が行われ、２０１８年4月より施行されている最新の保育所保育指針では、第一章の総則の4番にて、「幼児教育を行う施設」という位置付けであることが明記されました。

そして、育みたい資質・能力と、幼児期の終わり、つまり、小学校に入る前までに育ってほしい姿については、下記のように書かれています。

1、健康な心と体
2、自立心

3、協同性
4、道徳性・規範意識の芽生え
5、社会生活との関わり
6、思考力の芽生え
7、自然との関わり・生命尊重
8、数量や図形、標識や文字などへの関心・感覚
9、言葉による伝え合い
10、豊かな感性と表現

このような新たな指針の施行を受け、ほとんどの保育園では幼稚園と同様に、保育時間がこのような「教育」に当てられています。

なお、幼稚園教育要領に書かれている「幼稚園教育の目標」は以下の通りです。

1、健康・安全・幸福な生活習慣の育成
2、愛情・信頼感・道徳性の育成

3、自然への興味・関心の育成
4、言葉への興味・関心の育成
5、豊かな感性と創造性の育成

この内容を見ても保育園での「教育」は、幼稚園での「教育」と比較しても、何ら差異がないことがよくわかるのではないでしょうか。

幼稚園や保育園の「教育」について、文字の読み書きや足し算、保護者ニーズの高い「英語」のようないわゆる「勉強」や水泳教室、スポーツ教室などの体験教室などを想定される方がいるのかもしれませんが、それは未就学児に求められるべき内容ではありません。

そういったカリキュラムを含む幼稚園や保育施設もありますが、あくまでもそれは特定の施設独自のサービスであり、幼稚園や保育園という法的な施設制度での差ではなく、個別の施設による違いによるものです。

つまり、「保育園か、幼稚園か」の違いではなく、「A園か、B園か」の違いです。

違いがなくなりつつある保育園と幼稚園

「保育園」の中にも「幼稚園と同様の機能」があるのなら、両者をわざわざ分ける必要があるのか、という疑問をもたれる方もいらっしゃるかもしれません。

ここには歴史的な経緯が絡んでいます。

保育園の管轄は厚生労働省が担っていて、幼稚園は文部科学省の管轄下にあるという、「縦割り行政」の状況下にあります。

法律の施行としては、戦後間もない昭和22年の3月29日に施行された学校教育法により幼稚園が定義され、同年12月12日に施行された児童福祉法により保育園が定義されました。教育を目的とした学校施設としての幼稚園と、保育に欠ける児童を保護者の代わりに保育を行う目的の保育園という、目的の差異により、それぞれの施設が定義されました。

しかし、前述の通り、どちらも同様の教育を行っており、また、幼稚園においても保護者の子育て支援が求められる中、制度による施設の差異が無くなっています。

　その中でも、園要件など制度による差異は残っているため、自宅周辺に幼稚園しかない、もしくは、保育園しかない、という場合、家庭の就労状況により通園が困難な場合が生じてしまいます。同様の幼児教育、子育て支援を行っていながら、制度が異なることによる弊害は以前から問題視されていて、同じ歳の子どもに対する教育や保育について、家庭環境（保護者の就労状況等）によって、その手続きや利用できるサービスに差異を設けるべきではない、という声を上げる人も少なからずいました。

　その背景となる社会的な状況としては、共働き等世帯数の推移です。１９８６年以降、共働き世帯が増え始め、１９９０年には専業主婦世帯と共働き世帯がほぼ同数となりました。そして、２０００年以降になると専業主婦世帯の減少と共働き世帯の増加が顕著となり、そのグラフは、ワニが口を開いたような様子に例えられます。そして、「一度、口を開いたワニは、二度と口を閉じることはない」、つまり、以前のような専業主婦世帯が多数を占める社会になる

共働き等世帯数の年次推移

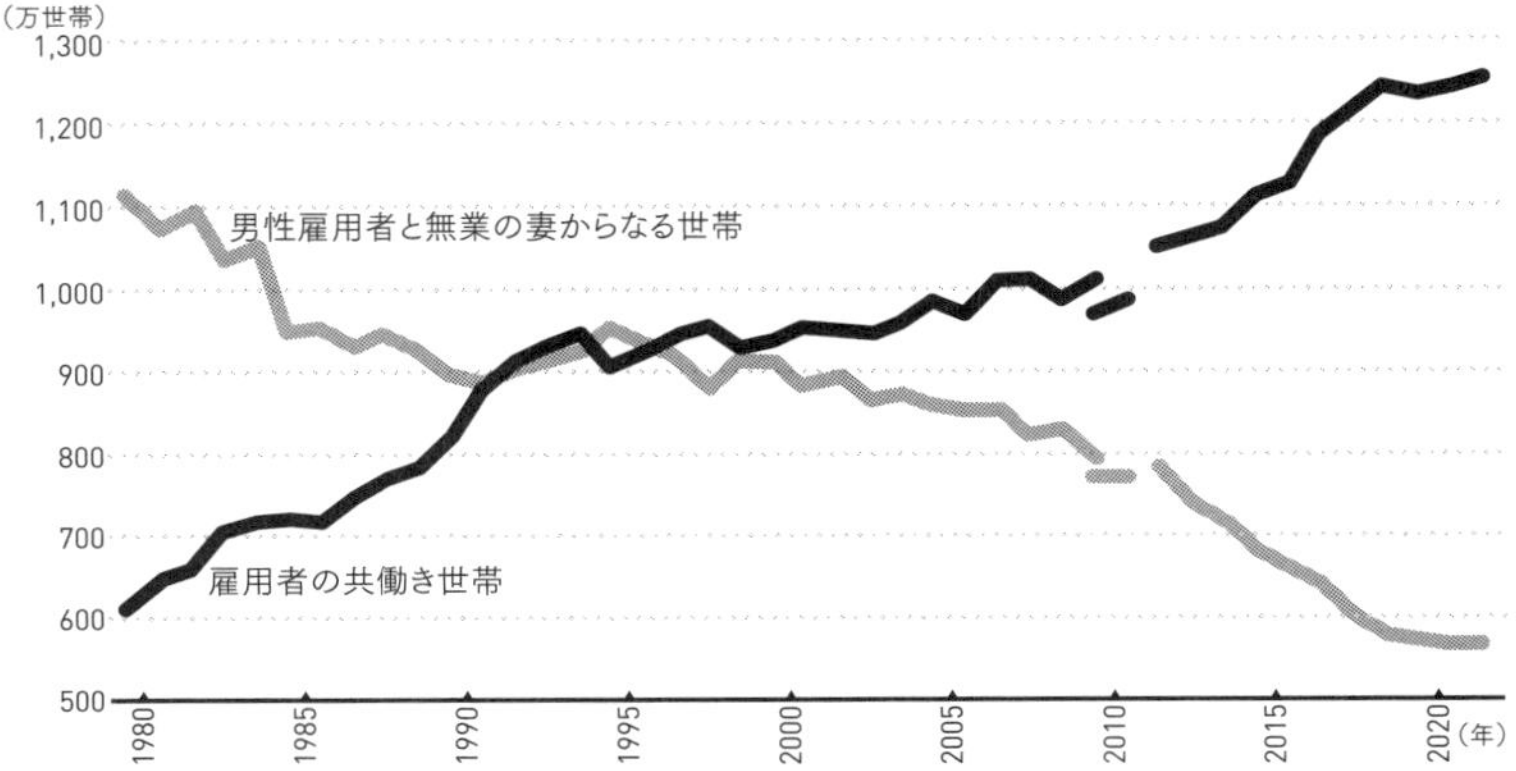

資料： 1980 ～ 2001年は総務省統計局「労働力調査特別調査」、
2002年以降は総務省統計局「労働力調査（詳細集計）（年平均）」

（注）1. 「男性雇用者と無業の妻からなる世帯」とは、2017年までは、夫が非農林業雇用者で、妻が非就業者（非労働力人口及び完全失業者）の世帯。2018年以降は、就業状態の分類区分の変更に伴い、夫が非農林業雇用者で、妻が非就業者（非労働力人口及び失業者）の世帯。

2. 「雇用者の共働き世帯」とは、夫婦ともに非農林業雇用者の世帯。

3. 2010年及び2011年の[ ]内の実数は、岩手県、宮城県及び福島県を除く全国の結果。

4. 「労働力調査特別調査」と「労働力調査（詳細集計）」とでは、調査方法、調査月などが相違することから、時系列比較には注意を要する。

ことはないと指摘されています（上図参照）。

共働きの家庭の増加に伴って保育園の入園希望者が増え、待機児童問題が社会問題化する一方で、元来、専業主婦家庭など保護者等の保育に欠けることがない状況を前提としている幼稚園の入園希望者は減少して定員割れが生じたり、閉園に追い込まれたりする事態になり始めます。正規の教育時間終了後も引き続き在園児を夕方まで預かる「預かり保育」を始める幼稚園も増え始めました。

本来は、就労等の事由により、幼児教育時間を超えた保育が必要な家庭は、幼稚園ではなく保育園を利用するという制度設計なのですが、要するにこれも保育園と同じ機能を持つ幼稚園でなければ子どもを集められなくなった社会的な要請によるものです。

そんな中で、幼保を一体化するという話がより現実味を帯びてきました。

かたや施設が足りなくて、かたや施設が余っている、しかも、両者の社会的使命には共通する事項も多いため、近年の進行が止まらない少子化の中で、二つの制度を独立させたまま継続するのではなく、両制度を一元化したほうが良いのではないかと考えるのは、極めてシンプルで自然なアイデアだと言っていいでしょう。

実はそれが2006年にスタートした「認定こども園制度」の大元の発想だったのです。

幼保一元化に先んじてスタートした「認定こども園」制度

詳しくはこの先でお話ししますが、保育園と幼稚園を一元化することは口でいうほど簡単な話ではありません。

そうは言っても待機児童問題は待ったなしの状況だったので、保護者が働いていても働いていなくても利用できる「認定こども園」というものが生まれました。「保育園と幼稚園のいいところを両方併せ持つ第3の施設」が制度設計された、というわけです。

経緯としては、幼稚園と保育園の機能を一体化した施設として、2006年に「総合こども園」として開始されました。2012年4月には、全国で911か所に広がりましたが、制度が複雑ということもあり、「認定こども園」制度に移行しました。

その後、文部科学省と厚生労働省がそれぞれ補助金を出すなど、曖昧になっていた立ち位置を修正し、内閣府にまとめた「子ども・子育て支援新制度」が

2015年に開始されたのが認定こども園です。現在では、その管轄も新たに発足した「こども家庭庁」に移行しています。

元々、認定こども園制度の始まりは、「幼保一元化」が目指す先に設定されていました。換言すると、幼稚園、保育園の両制度の廃止です。

しかし、面積基準、職員に求められる資格要件、必要な設備、対象とする乳幼児年齢など、幼稚園としては認められるけれど、保育園としては認められない要件、もしくはその逆の要件などにより、すべての保育園や幼稚園が現行のまま、認定こども園に移行できるわけではありません。

その中で、幼稚園、保育園の両制度を廃止し、認定こども園制度に一元化する、ということは、社会全体として幼児教育を提供できる施設の減少を意味します。それでは結果として子どもたちへのしわ寄せになってしまう、子どもを中心とした視点になっていない等の事由により、現行の幼稚園、保育園の両制度を残すべきという声が強くなりました。

結果として、幼稚園と保育園の両制度を一元化する目標だったところが、第三の新たな選択肢として認定こども園制度が追加される、という現状に至っています。

認定こども園制度開始にあたり、その前年に開催された、施設運営者に対する行政説明会にて、「従前の制度に残っていても構いませんが、『都は移します』」と表現されていました。認定こども園への移行を強く促す様子は、非常に印象的でした。

幼稚園は、学校教育法で定義された学校施設です。保育園は、児童福祉法で定義された福祉施設です。

それでは、認定こども園は、どの法律で定義されているのかと言うと、実は、本書19ページに抜粋した児童福祉法の中で保育所の次に明記されています。つまり、認定こども園は、児童福祉施設の一つなのです。

幼稚園は3歳から5歳までの幼児が対象で、夏休み等の長期休暇期間を除いて、4時間ほどの教育時間が定められています。

保育園は0歳から5歳までの乳幼児が対象で、幼児教育を含め、11時間から12時間の保育が、日祝日、年末年始を除く毎日、行われています。

そうなると認定こども園制度は、幼稚園を保育園化するための新たな名称なのではないだろうか、と個人的には勘ぐってみたりもしています。

一元化どころか仕組みはむしろ複雑になっていく

「認定こども園」には、
1、幼稚園と保育園の両方の機能をもち、「認定こども園」として独立している「幼保連携型」
2、既存の認可幼稚園に保育園の機能が追加された「幼稚園型」
3、既存の認可保育園に幼稚園の機能が追加された「保育園型」
4、既存の認可外幼稚園や認可外保育園などに認定こども園の機能が追加された「地方裁量型」
という4つのタイプがあります。結果的に言えば一元化どころか、より複雑になっているのです。

2023年4月1日には総理大臣直属の機関として内閣府の外局に「こども家庭庁」が発足し、保育園と認定こども園はここに移管されることになりましたが、幼稚園については引き続き文部科学省の管轄に留まっています。

子どもにとって必要不可欠な教育については、こども家庭庁と文部科学省が連携・協議をしていきますが、一方、「こども家庭庁」は、「こどもまんなか社会」の実現に向けて、「常にこどもの視点に立って、こども政策に強力かつ専一に取り組み、こどもが、自立した個人としてひとしく健やかに成長することができる社会の実現に向けて、こどもと家庭の福祉の増進・保健の向上等の支援、こどもの権利利益の擁護を任務」として創設されています。

どの目的も、幼稚園という施設が目指すところと合致している中で、幼稚園は文部科学省で管轄し、幼稚園と保育園の良いところを合わせた認定こども園はこども家庭庁が管轄する、というのは、かなり妙な話だなあと私は思っています。

また、幼稚園と保育園の両方の機能があるからと言って「認定こども園」が幼稚園と保育園の両方の認可を受けている、というわけではないということは、裏話として覚えておいてもよいかもしれません。

例えば既存の幼稚園や保育園が、1の幼保連携型へ移行する場合、事務処理上は、幼稚園あるいは保育園の認可を返上、つまり閉園し、新たに幼保連携型の認定こども園を開園するという手続きです。厳密なことを言えば、新たな施設はもはや幼稚園でも保育園でもありません。あくまでも「認定こども園」というまったく別の施設に生まれ変わったことになります。

私の法人が運営する笠寺幼児園も、もとは保育園でしたが、幼保連携型の認定こども園に移行するに当たり、保育園の認定を返上しました。まさに、「さよならぼくたちのほいくえん」です。

また、2や3のタイプでは、保育園あるいは幼稚園の機能が追加された、というのは確かでも、新たに保育園や幼稚園の認可を受けたというわけではありませんし、もちろん、4のタイプは保育園としても幼稚園としても「認可外」

のままです。

とはいえ、保育園と認定こども園は、制度的にも、入園手続き的にも、非常に類似しています。そのため、認定こども園は、「保育園と幼稚園のいいところを両方併せ持つ第3の施設」というよりは、「幼稚園を保育園化するために、苦肉の策として考えた施設種別名」のように、私自身は感じたりします。

事実、「保育園と幼稚園のいいところを両方併せ持つ『幼保連携型』の認定こども園」は、学校教育法にて学校と定義されるのではなく、児童福祉法にて福祉施設として規定されているのは、先の条文で紹介した通りです。

ちなみに、国レベルでは、文科省とこども家庭庁が管轄していることはすでにお伝えしました。幼稚園は文科省、保育園と認定こども園は、こども家庭庁です。つまり、幼稚園が認定こども園に変わるということは、保育園と同じ管轄になる、ということです。

これは自治体レベルでも同様で、幼稚園が認定こども園に変更することで、保育園と同じ部署が管轄するようになります。

行政だけでなく、幼稚園や保育園は、地域ごとに私立の園が集まる連盟等の団体があるのですが、幼稚園が認定こども園に変更すると、保育園の集まる連盟に所属するケースが多々見られます。昔から幼稚園を運営されている施設では、そのまま幼稚園の連盟にも籍を残されているようで、幼稚園から認定こども園に変更すると、幼稚園の団体と、保育園の団体、両方に所属されている園も多くあるように見受けられます。

保育士と幼稚園教諭の免許制度は大きく違う

管轄省庁が一体化できないことが「幼保一元化」の大きな壁になっているように見えますが、そこには幼稚園教諭と保育士の免許制度の違いも大きく影響していると言われています。管轄省庁が一体化できていないので、幼稚園教諭、保育士免許等の資格が統一できない、ということかもしれません。

現状、保育士になるには、養成校に通うか、保育士資格試験を受けるかの

2つの道があります。資格試験は年に2回行われ、3年以内、つまり、連続する6回の資格試験のうちに9科目すべての合格を揃えれば資格が取得できます。どの教科も一部を除けばすべてマークシートで、各科目6割以上正解すれば合格です。現場で保育実習も課されません。中学校卒業の方でも、5年以上かつ7200時間以上、保育園等での勤務経験があれば、保育士試験を受験することができます。資格試験の中では比較的、取得しやすい部類に入るのではないかと思います。

保育士試験は、過去の試験問題がインターネット上にて公開されています。機会があれば、一度、ぜひご覧ください。中には、一般常識で解けてしまう問題や、保育現場での活用が疑問視されるような問題が出題されることもあります。

これらの問題に6割以上、正答を記入すると、乳幼児に一切関わることなく、保育士資格が得られてしまうことを思うと、保育士の専門性には、いったい何が求められているのだろうと、個人的には疑問を感じています。

一方、幼稚園教諭になるには、幼稚園教諭免許状が必要です。

幼稚園教諭免許状は、高校卒業後、幼稚園教諭養成課程のある大学や短大、専門学校へ進み、必要科目を履修して、卒業しなければ、取得することはできません。

実際の仕事内容はともかくとして、資格を取るためのこのような経緯を単純に比較すれば、幼稚園教諭になるほうがハードルが高いと考えるのが自然でしょう。

ただし、認定こども園は、幼稚園と保育園の良いところを併せ持つ制度であるため、認定こども園に勤務する方には、幼稚園教諭と保育士資格の両方が求められます。認定こども園制度の開始に伴い、施設が認定こども園に移行した後の混乱を少なくするため、片方の資格しか所有していない方に向けて、もう一方の未取得資格を取得しやすくする幼保特例制度が設けられました。

具体的には、保育士資格を持っている場合、一定の実務経験を経た後に、文部科学省が指定する大学などで、定められた単位を受講し、その後、教育委員会を通して申請すると、幼稚園教諭免許を取得できます。この所定8単位には、現場での実習は含まれていません。一定の実務経験を条件とすることで、実習に必要な技能を習得していることの担保としているかと思われます。

逆に、幼稚園教諭免許状を有していて、幼稚園等において「3年以上かつ4320時間以上」実務経験を有する人は、保育士養成施設において最大8単位の特例教科目を修得すれば、保育士試験は全科目免除になります。

これらの制度を活用することで、中学校卒業者も保育士資格経由で、幼稚園免許を取得できる、という仕組みになります。本来、大学などを卒業しなければならなかった幼稚園教諭免許状ですが、幼稚園と保育園の良いところを合わせた認定こども園制度を始めたことで、中学校卒業の方でも取得できるようになった、ということをどのように理解するべきか悩みます。中学校卒業者の方の資質、能力を問題視するつもりはありませんが、より良くなるために資格要件が結果的に緩和されたことに違和感を覚えます。この幼保特例制度は期間限定なので、本書を手に取られている現時点では利用できない資格取得手順になっているかもしれませんが、これらの混乱も、幼稚園と保育園の一元化ができていないことによる影響なのではないかと、個人的には考えています。

保育士資格だけでなく、保育全般について深い知見をわかりやすく説明、情報発信されている方の一人に、私と同じ名古屋で認定こども園の運営をされている先生が、Xにて「マッキー(@makkymanbow)」のアカウントにて投稿されており、時折、Xのスペースにてインタビューでの情報発信もされています。興味関心のある方はフォローされてはいかがでしょうか。

保育認定区分によって利用できる施設が違う

2015年には「子ども・子育て支援新制度」が始まり、幼稚園や保育園、そして認定こども園に入園するためには、自治体から保育認定を受けることが必要となり、どの区分に認定されたかによって、利用できる施設が定められることになりました。

具体的には、

●子どもの年齢が3~5歳で、保育を必要とする事由に該当しなければ1号
●子どもの年齢が3~5歳で、保育を必要とする事由に該当すれば2号
●子どもの年齢が0~2歳で、保育を必要とする事由に該当すれば3号

ということになります。

なお、子どもの年齢が0~2歳で、保育を必要とする事由に該当しなければ「該当なし」ですが、必要に応じて一時預かりなどの支援を利用することができる、とされています。これらの子どもが俗称的に「0号」と表現されていることもあります。どこの園にも通っていないことから「無園児」と記載された新聞記事を見たこともあります。

未就学児童について、「保育の必要がない」という表現も妙な言い方ではありますが、これは法律上の保育用語です。「そもそも保育を必要としない子どもなど、この世にいるのか?」という声も上がったのですが、良い代替表記案が出なかったので、結局この表現が使われています。従前では、仕事等により「保育に欠ける」と表現されていましたが、

認定区分の決まり方

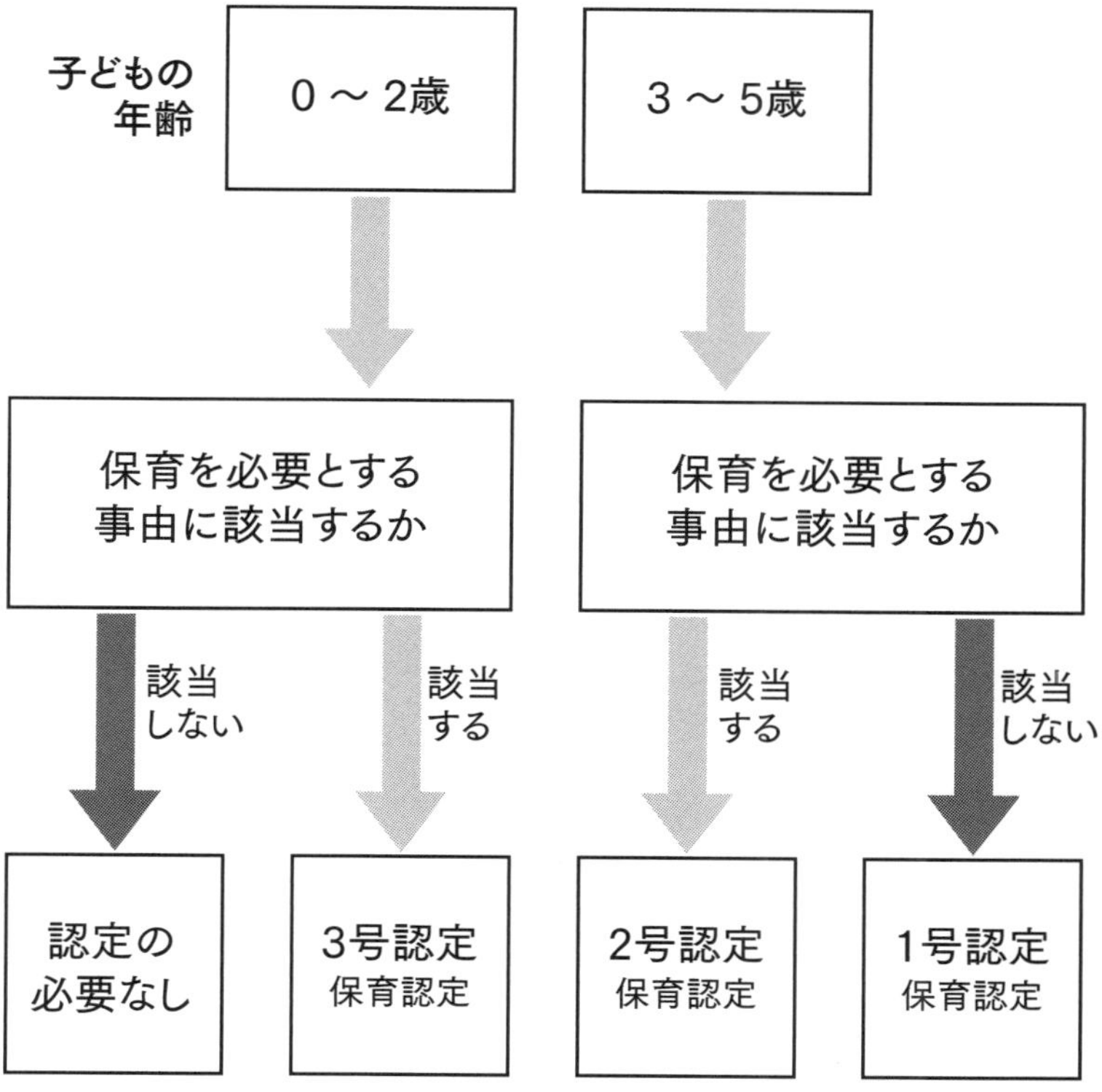
子どもの
年齢
0 ～ 2歳
3 ～ 5歳
保育を必要とする
事由に該当するか
保育を必要とする
事由に該当するか
該当
しない
該当
する
該当
する
該当
しない
認定の
必要なし
3号認定
保育認定
2号認定
保育認定
1号認定
保育認定

「欠ける」というのが「本来あるべきものがない」ということをイメージさせ、その状況にある人への配慮を欠いているのではないかという批判を受け、法律改正により文言が変わりました。理解としては、「保育に欠ける」ことと同義に考えていただいて大きな問題はありません。

言葉というのはなかなか難しいものだなあと感じますが、いずれにしろこれは、子ども自身の区分というより、保護者の状況の区分と理解すべきものです。

ちなみに、幼稚園には、新制度へ移行されていない私学助成型の園があり、その類型の園では保育認定が不要です。ただし、幼児教育無償化の対象にならず、別途手続きが必要になる場合があります。前術の通り、「仕組みはむしろ複雑に」なっているように感じます。

認定こども園はどの保育認定でも利用できる

「保育を必要とする事由」として認められているのは、次のようなものです。

保育認定により利用できる施設

1号認定の場合	認定こども園・幼稚園
2号認定の場合	認定こども園・保育園
3号認定の場合	認定こども園・保育園・地域型保育
認定なし	必要に応じて一時預かりなどの支援が利用可能

- 就労
- 妊娠・出産
- 保護者の病気や障害
- 親族の介護や看護
- 災害復旧中
- 求職活動中
- 就学や職業訓練中
- その他、市町村が認める場合

そして、認定区分によって利用できる施設は上図のようになっています。

この図を見ればわかるように、「認定こども園」は、認定区分が1号、2号、3号のいずれであっても利用できますので、どこかのタイミングで認定区分に変更があったとしても、同じ園に通い続けることができます。

一方、例えば子どもが3歳で両親が共働きの場合は2号認定となり保育園を利用できます。しかし、例えば4歳になる頃に保護者が仕事を辞めて専業主婦（夫）になったという場合には1号認定に変わるので厳密に言えば保育園は利用できなくなります。

そうなると幼稚園か、あるいは認定こども園に移らなければならなくなります。そのため、途中で状況が変わることが予想される場合は、最初から認定こども園を選んでおくほうが無難だとも言えます。

また、保育を必要とする事由に該当しなければ2号認定は受けられませんが、子どもの年齢が3～5歳であれば誰でも1号認定を受けることはできます。

例えば、保育を必要とする事由はあるけれども、あえて1号認定を受けるという選択のメリットとしては、2号認定が行政により施設を決定されることに対し、1号認定は保護者が施設と直接契約でき、早い時期に入園を決定できる、という点も挙げられます。もちろん、希望施設の1号定員に空きがなければ、その施設に「入園できない」ということを早い時期に確定できる、という点も含めてです。

2019年からは、幼児教育・保育の無償化がスタートし、3~5歳の子どもの幼稚園、保育所、認定こども園などの利用料は無料になりました。

この無償化は幼稚園の預かり保育も対象なのですが、そのためには保育の必要性の認定（新2号認定）を受けなくてはなりません。保育を必要とする事由に該当しない子ども（1号認定の子ども）に、保育の必要性を認定するというなんとも不思議な制度です。

いずれにせよ、親の都合で園を変わらなくてはならなくなるのも、いちいち面倒な手続きが必要になるのも、すべては幼稚園・保育所・認定こども園の垣根があるためではないでしょうか。次々と制度を複雑にするより、当初の意図通り「認定こども園」に一元化してしまうほうが、合理的なのではないかと、私は思わずにいられません。

所得によって金額にかなりの差がある保育料

幼児教育・保育の無償化は3～5歳の子どもが対象なので、0～2歳の子どもが保育園や認定こども園、あるいは地域型保育などの保育施設（保育機能を有する施設）を利用する場合には、いわゆる保育料を支払わなくてはいけません。

保育料、正確には利用者負担額とも表現されますが、これは、自治体に払う住民税額によって決まるので、同じように保育施設に預けていても、家庭によってまた、自治体によって金額が変わります。

当法人の運営する保育園は名古屋にあるのですが、名古屋市の利用者負担額は、47ページの表に示す通りです。月額0円から64000円とかなりの幅があることがおわかりになるでしょう。

このような差が生まれるのは、保育料というものが、受けたメリットに応じて支払う「応益負担」ではなく、支払える能力に応じて支払う「応能負担」

令和5年度利用者負担額（保育料）
基準月額表（令和5年4月～）

階層区分				市の基準月額		参考： 国の基準月額 （保育標準 時間認定）
				3歳未満児		3歳未満児
				保育標準時間認定	保育短時間認定	
A階層		生活保護世帯及び中国残留邦人等の円滑な帰国の促進及び永住帰国後の自立の支援に関する法律による支援給付受給世帯		0円	0円	0円
B階層		令和5年度分（4月分から8月分までは令和4年度分）の市民税	非課税世帯			
C階層	1		均等割のみ課税世帯	5,700円	5,700円	19,500円
	2	令和5年度分（4月分から8月分までは令和4年度分）の市民税所得割課税額（※）	10,000円未満	6,400円	6,300円	
	3		10,000円～40,800円未満	7,500円	7,400円	
	4		40,800円～43,800円未満	11,200円	11,100円	
	5		43,800円～55,200円未満	13,900円	13,700円	30,000円
	6		55,200円～67,000円未満	17,500円	17,300円	
	7		67,000円～88,800円未満	22,100円	21,800円	
	8		88,800円～110,000円未満	25,800円	25,400円	44,500円
	9		110,000円～131,600円未満	29,400円	29,000円	
	10		131,600円～180,000円未満	34,900円	34,400円	61,000円
	11		180,000円～236,800円未満	42,700円	42,000円	
	12		236,800円～281,000円未満	50,300円	49,500円	
	13		281,000円～351,500円未満	58,300円	57,400円	80,000円（給付単価限度）
	14		351,500円～411,800円未満	63,400円	62,400円	104,000円（給付単価限度）
	15		411,800円～518,000円未満	63,900円	62,900円	
	16		518,000円以上	64,000円	63,300円	

※市民税所得割課税額は、税源移譲前の税率を基に算定した額になります。

出典／名古屋市「利用者負担額（保育料）のお知らせ」

という仕組みになっているからです。

世の中の一般的な商品やサービスは「応益負担」です。文字通り、受けた「益」に「応」じて「負担」します。

缶ジュースを購入するとその益に応じた負担が必要になりますし、逆に負担の増える場合は受ける益が増える、ということになります。

例えば、ホテルに泊まったりする場合でも、より高いお金を払うほうが、景色が良くて広い部屋に案内されたりするなど、より充実したサービスを受けられます。飛行機にしても、エコノミークラスよりビジネスクラス、ビジネスクラスよりファーストクラスのほうが、価格に応じて明らかに設備も充実していますし、機内食のメニューも豪華です。

しかし、こども園や保育園などの保育料の場合は異なります。高い保育料を払っている子をより手厚く扱うなどということは絶対にありません。給食のメニューが保育料によって違うこともあり得ません。

名古屋市において６４０００円の保育料を払っている人は、先ほどの表を見て、「サービスが一律であるのなら、保育料だって一律にするべきではないか」との思いになるかもしれません。世帯収入が高めだからと言って高めの保育料が設定されると損をしているような気になるかもしれません。

しかし保育施設で提供される「保育」というものが、一般市場での商業サービスではなく、あくまでも福祉の一環であること、を考えると理に適ったことと言えます。

すべての人が幸せになる社会のために互い支え合う中で、余力のある方から、より困窮度合いの高い方へ支援する取り組み、そして、一定レベルより先の困窮状況へ進むリスクを排除し、社会のセーフティーネットとして機能することこそが福祉です。世帯収入に応じた金銭的負担を負うというそれぞれの「できること」で、福祉制度を支える必要があるのです。

別の視点としては、社会的経済格差の是正です。

一般的な自由競争社会の中では、必然的に勝者と敗者、経済的に富める者と富の分配を十分に受けられない者とに分かれます。

『世界がもし100人の村だったら』（マガジンハウス）によると、「世界を100人の村とすると 世界の富のうち49％は 1人のいちばんの大金持ちのもとに、39％は9人のお金持ちのもとに、11％は40人の、わりと豊かな人のもとに貯まりました 50人の貧しい人のもとにあるのはたったの1％です」「100人の村では1人の大金持ちの富と99人の富がだいたい同じです」とのことです。

集まった富はさらに次の富を生み出しますが、最初に富を所有できていない人たちは永続的に富を得ることができないのが自由競争社会です。そして、こうした抗いがたい格差の固定がさらに拡大すると、治安の悪化、社会の不安定化につながります。そのため、持続可能な開発目標（SDGs）の17項目のうち、最初かつ最も重要な目標に設定されているのが、「貧困をなくそう」になるわけです。

現在、日本でも子どもの貧困拡大は社会的な課題として報道されています。そのためにも、富める家庭に一定の負担をお願いし、困窮度の高い家庭の負担を低くすることは、経済格差を是正し、全体の負担を軽減するためにも必要な対応ではないかと思います。

このことは、単なる習いごととは違う、保育サービスを考えるうえでの、決して欠いてはいけない重要な視点ではないかと思います。

ただし、高い保育料を払っている家庭も、保育に対する費用の一部を負担しているに過ぎません。不足する分については、税金等の公的資金が充てられていることを補足させていただきます。

逆に言えば、保育の必要性が認定されない3歳未満の子どもを育てているご家庭は、税金等による公的資金給付の対象外だということになります。そのため、少子化対策をさらに推し進めるため行政が実施できる手段として、この0号子どもへの支援が重要視され、後述する「こども誰でも通園制度」のような制度も整備しようという流れになっています。

保育施設は国や自治体の補助金で成り立っている

保育園や認定こども園などの保育施設の運営には、保育士や保育士以外（園長や調理事務などの職員）の人件費や社会保険などの事業所負担分、電気・ガス・水道などのライフライン、設備維持費、保護者に費用負担を求めない部分の給食材料費、会計経理等の専門事業に関する業務委託費など、一つの事業所として多岐にわたるさまざまな費用がかかります。

そして、私立保育園（認可保育所）の収入源のほぼすべては、在籍する園児の数等に応じて支払われる国や自治体からの給付金です。保育料を保護者から徴収する施設では国や自治体からの給付額から徴収分が減額されます。園児一人あたりの給付金は自治体独自の制度が設計されている場合もあり、地域によっても異なる場合もありますが、0歳児の場合なら一人につき毎月20万円ほどです。

そしてその財源はもちろん税金です。在籍する園児が多ければ多いほど、多額の税金が投入されることになります。

園児一人当たりの補助金は、園児に対する職員配置基準から計算されます。0歳児であれば園児3名について職員1名、換言すると、0歳児1名につき、職員3分の1名あたりの補助金が給付される、ということです。

ただし、施設に1人のみ配置される園長（施設長）や、調理・事務員等の費用は施設の定員数に応じて一人あたりの園児単価に割り振られます。

つまり、定員の少ない施設では園児一人あたりの行政負担が多くなり、定員の大きな施設では、逆に行政負担が少なくなります。行政負担というのは、元をたどると国民の税金なので、私たちの税負担と考えることもできます。

自由競争は保育サービスにはそぐわない

私立の保育施設の運営主体は、社会福祉法人やＮＰＯ法人、株式会社などさまざまですが、それぞれが独自の努力をして保護者の支持を集め、人気の園になれば在籍する園児の数が増えますから、それに応じてもらえる補助金も当然増えます。人気の施設の規模がどんどん大きくなっていけば、そこに子どもを入れたいという保護者の希望も叶えやすくなるでしょう。

そのような保育サービスの市場化、つまり他の園との競争が一切不要だとは思いませんが、完全なる自由競争というのは、保育サービスにはそぐわない発想だと私は思っています。

市場競争で勝ち組が出るということは、一方で負け組が出るということを意味します。場合によっては、ある地域から保育がなくなってしまったり、経営的に事業継続性の困難度が高い状態になった施設では、サービスの提供量やその質が著しく低下することもあり得ます。

保育園や認定こども園といった保育施設は社会のセーフティーネットであり、電気ガス水道のようなライフラインと同様、社会のエッセンシャルワークでもあります。そのため、どこに住んでいても一定レベル以上の、質のいいサービスを受けられるというのは非常に重要なテーマです。地域によって大きな差が生まれてしまうと、子どもを車に乗せてそこまで連れて行く余裕のある人だけがいいサービスを受けられるといった、新たな格差が生まれます。

保護者の希望通りの園に入園させることを一定レベルで制約している自治体が多いのもそれを防ぐためです。

そこに不満を持つ人も少なくないかもしれませんが、利用者側の個人的なニーズをあまりにも重視しすぎることは、「互いに支え合う」という福祉の精神にも反するのではないでしょうか。

もう一点重要なことは、保育施設に給付される補助金の財源は税金だということです。

つまり、人気のある私立保育園や認定こども園には、そこが民間事業所であるにもかかわらず、多額の税金が集中します。

「施設の努力の結果である」という主張はありますし、飲食業をはじめ、一般競争市場の中で勝ち組企業とそうでない企業との格差が生じるのは、やむを得ないことかと思いますが、「保育」という公的な行政サービスを提供することで生じる格差により、特定の民間事業所に、私たちの貴重な血税である財源が集中し、保育事業の格差を、さらに拡大させるという流れには私は違和感を抱いています。

保育施設に求められている多角化・多機能化

民間保育施設というのは、経営に対する高い識見がなくても、法的に定められた基準を守り、右から左に、つまり、行政からの給付金等を職員給与等に当てていると、短期的には十分継続できるような仕組みになっています。それもあって、業界全体の傾向としては経営の概念が弱いと言わざるを得ません。

私は社会福祉法人向けの経営セミナーなどにもよく参加するのですが、目にするのは介護施設や障害者施設の関係者ばかりで、保育施設関係者は極端に少ない印象があります。ある時は、80名を超える参加者のうち、保育関係者は私だけということもありました。

ただし、民間保育施設の主たる法人格である社会福祉法人については、法人として自立して事業を継続するために必要な「社会福祉充実残額」の計算方法が厚労省により決められていて、それを超える費用を保有している場合は、5年以内に公益的事業へ使うことが義務付けられています。

つまり社会福祉法人の本来の使命は、業務を効率化して補助金の余剰、一般企業で「利益」と呼ばれる部分を生み出し、「充実残額」を積極的に出すことで、例えば地域全体の育児支援などに貢献することなのです。

ところが社会福祉充実残額をプラスにできている社会福祉法人は、全体の1割にも達しておらず、「社会福祉法人は給付・補助金のもらえる事業しかやろうとしていない」「社会福祉法人に経営の意識が不足している」等の厳しい意見が向けられています。

実際、運営する保育施設の内側にしか視点を向けられない経営者は非常に多く、たとえば子どもたちやその保護者、そして現場の職員の満足度をいかにして上げるかということばかりを考えています。保育施設の利用者やそこで今働いている人にとっては好ましいことですが、そのような姿勢のままではこの先自立して事業を継続することが難しくなります。少子化の進行により、保育園の対象となる乳幼児が減少するだけでなく、生産人口の減少による税収不足により、将来的には、従前のような単価での給付が難しくなるとも指摘されています。

園舎建て替え等の施設整備についても、これまでは施設整備の公的な補助金が前提となっていました。一般企業であれば自力で確保しなければならないところですが、保育施設では公的資金、つまり税金の大量投与を前提とした施設整備となっています。

保育業界というものが、これまで制度に守られてきた分、変化への対応に弱点があるのは事実ですが、現状のままでは、今後、非常にリスクの高い状態であり、「今までのように口を開けて待っていてお金が降ってくると思ったら大間違い。国にもそんな体力はない」と行政側も明言しています。

待機児童解消に向けてたくさんの保育施設が開園しましたが、そんな「待機児童バブル」はすでに弾けています。それもあって行政からは保育施設の「多角化や多機能化」が強く求められています。

その例として挙げられるのが、定員に余裕のある保育施設での一時保育事業、児童発達支援事業や子ども食堂の併設、中学生や高校生の学習支援などで、そういった取り組みに対しては、国から一部、補助金が出される場合があります。

ただし、業界全体が強い危機感を抱いているとは言い切れないのです。

なんの努力もせずに子どもが集まらなくなれば、一般市場としては自己責任として倒産になろうかと思いますが、民間の事業所とは言っても保育施設の場合は、単純に、一般企業と同列に語ることはできません。施設整備にも多額の税金が投じられてきた、「保育」というエッセンシャルワーク事業を担う、地域の福祉サービスであるからです。

大阪教育大学教授で保育学者でもある小崎恭弘氏は、「2020年からのコロナの流行期に、医師や看護師らが働ける環境を保育の現場が支えていたことで、保育はガスや電気、水道などと同じ、社会のインフラであるという認識が広がった」とあるインタビューで答えていらっしゃいました。そうであるとすればなおさら、保育施設が潰れることなく、世の中が必要とする機能を持続的に発揮し続けることはとても大切なことではないでしょうか。

第２章

保育施設への過剰な期待が保育の質を悪化させる

この章では、保育園や認定こども園などの保育施設が抱える構造的な問題や、保育施設に対しての過大な期待がもたらす問題点についてお伝えします。

国から保育施設に支給されるのは必要かつ「最低限」の人件費

保育の質を考えるとき、よく言及されるのが保育士の配置基準についてです。ただ、子育て家庭を含め、保育施設にお子さんを預けている保護者でも、具体的な配置基準を把握されている方は少ない印象を受けます。

1948（昭和23）年の「児童福祉施設の設備及び運営に関する基準」という厚生省令第33条第2項に、次のような文言があります。「保育士の数は、乳児おおむね三人につき一人以上、満一歳以上満三歳に満たない幼児おおむね六人につき一人以上、満三歳以上満四歳に満たない幼児おおむね二十人につき一人以上、満四歳以上の幼児おおむね三十人につき一人以上とする。ただし、保育所一につき二人を下ることはできない」

この基準に則り、日本では、0歳児なら3人、1、2歳児は6人、3歳児は20人、4歳児以上は30人を1人の保育士が担当する、という体制が取られてきました。

ここで注意が必要なのは、保育園や認定こども園などの保育施設というのは、運営のほぼすべてを税金で賄っている国の児童福祉事業であるということです。保護者の方から「保育料」が徴収される場合があることは前述しましたが、あくまでもそれは応能による、保育にかかるコストの一部分の保育サービスを提供する保育施設に対してその対価を保護者が支払うという仕組みになっているわけではありません。つまり、保育施設における人件費の財源はほぼすべてが税金なのです。

税金は貴重な財源ですので、人件費の給付額は必要かつ「最低限」になります。

例えば、満3歳以上満4歳未満の幼児が20人いるところに2人の保育士を配置すればもちろん基準をクリアしているので違反にはなりません。しかし、基準は「満三歳以上満四歳に満たない幼児おおむね二十人につき一人以上」なので、「必要」かつ「最低限」は「一人」です。つまり、保育士が2人いたとしても、国から給付されるのは1人分の人件費だけなのです。基準を越える保育に対する税負担を国民に課していない、ともいえるかなと思います。

一方、小学校での「30人学級」というのは、1人の教職員が「30人まで」の児童を担当する、ということなので、例えばある学年の児童の数が10人しかいなかったとしても、教職員の数は同様に1人ですし、児童が31人になると、教職員は2人になります。そしてその分の人件費はもちろんちゃんと確保されます。

ところが保育施設だと、子ども20人に対して保育士1人という配置基準となっている3歳児が10人いた場合、子どもの人数が半分なので、給付されるのも半分、つまり保育士0・5人分の人件費です。同じ保育施設の中に、3歳児とは別に、子ども30人に対して保育士1人という配置基準である4歳児以上の子が15人いれば、こちらも子どもの数が基準の半分なので、保育士人件費も0・5人分です。それらを合算することで初めて「保育士1人分の人件費」になるのです。

小学校にあがる年齢は6歳です。小学校の授業は昼過ぎには終了します。小学一年生の最初では午前中の早い時間に終了することもあるのではないでしょうか。授業と授業の間には放課時間があり、授業を行っていない時間もあります。土曜日も休みで、夏休み等の長期休暇もあります。

一方、保育園は、概ね12時間の保育を毎日行っています。土曜日でも保育があり、小学校のように教育や授業を行わないような放課時間も、夏休みのような長期休暇も保育にはありません。

その状況下で、6歳の子どもに対する教師の配置基準より、4歳児に対する保育士の配置基準が低いというのはどうなんでしょうか。

こういった現場を広く認識していただき、社会全体で議論されることを期待しています。

保育士の配置基準は納税者である国民が了承したもの

別の例を挙げましょう。

0歳児が1名、1、2歳児が2名、3歳児が4名、4歳児以上が4名、合計で11名の園児の場合、何人の保育士が配置されると思いますか？　具体的に計算してみましょう。

0歳児1名（基準の3分の1）→保育士0・333人

1、2歳児2名（基準の3分の1）→0・333人、

3歳児4名（基準の5分の1）→0・2人

4歳児以上4名（基準の15分の2）→0・133人

端数も含め、これらを全部足せば1人です。このように0歳児、1、2歳児を含む合計11名の園児であっても、保育士の配置はたった1人なのです。

そんな話を聞くと、「それだと安全に子どもを見守ることができるわけがないから、もっと配置する人数を増やすべきだ」と考える方が多いでしょう。実

際、私の園にお子さんを通わせている保護者の方からそのような意見の声を受けたこともあります。保護者のみなさんが不安になる気持ちは十分に理解できますし、私たちも、子どもたちの安全を十分に見守るために、このような職員配置では、非常に心細いと実感しています。

ただし、「国が定めた」というのはつまり、「保育にかけるコストはこのくらいである」と、国民が了解しているルールなのです。税金を払う側にいる国民が、「保育のために、これ以上の税負担はできない」と判断しているのだという言い方もできます。

その前提がある中で、「配置する保育士の人数を増やせ」というのはかなり乱暴な話で、「一人あたりの給与を下げてその分人数を増やせ」と言っているのと同じとも言えます。そういった流れになると、「子どもを可愛いと思って業務に当たっている以上、給与額は二の次にして子どもに対する愛情への奉仕に徹するべきだ」などという考えが出ないとも限りません。

大切なお子さんをお預かりする「保育」という場の仕事に従事する身としては、そのような声を聞くと極めて悲しい思いになります。私たちは余暇や余興で、趣味の片手間程度に「保育」を行っているのではなく、プロである専門職集団として、責任をもって業務を行っています。ボランティア活動ではなく、プロフェッショナルとしての仕事です。私たちが十分な責任を果たせるよう、保育士の業務に対する処遇の向上を、社会全体の課題としてみなさんにも真剣に考えていただきたいのです。

配置基準は見直されたが海外に比べるとまだまだ厳しい

1948年に定められた職員配置ではあまりにも保育士の負担が大きいのではないかという点は、長く問題視されていました。

そして議論の結果、76年ぶりにやっと見直されることになり、実は2024年の4月からは4歳児以上はこれまでの30人から25人に、3歳児は20人から15

保育士の配置基準
（保育士１人で見られる子どもの人数）

	日本	米国（ニューヨーク州）	英国	フランス	ドイツ（ザクセン州）
乳児	3人	4人（1歳半以降は5人）	3人	歩けない子5人、歩ける子8人	5人
1歳	6人				
2歳	6人		4人		
3歳	20人	7人	13人	15人	13人
4歳	30人	8人			
5歳	30人	9人			

出典／東京新聞（2022年11月10日）

人に変更されています。また、１歳児に関しても２０２５年度以降には６人から５人にするとされています。

とはいえ、地域によっては保育士確保自体がかなり難しい状況にあることを鑑みて、経過措置が設けられていますので、当面の間は以前の基準のまま運営することも可能です。

それもあって、ある民間団体が全国の４１７の市区町村を通じて行った１万２７５４の保育施設を対象にした大規模なアンケート調査によると、「新たな配置基準を実施済みか、実施年度を決めている」と回答したのがおよそ70％で、

「実施ができず、時期も明確にできない」という回答がおよそ30％に上りました。経過措置の期限も明確に定められているわけではないので、すべての施設で実施されるまでにはまだまだ時間がかかるのではないかと思われます。

もっとも、新しい配置基準をもってしても、69ページの表を見れば日本の基準は海外に比べるとまだまだ厳しい状況にあることは一目瞭然です。

子育て経験の有無にかかわらず、例えば0歳児3人を1人で見ることがどれだけ大変かは容易に想像がつくのではないでしょうか。元気に動き回り、それぞれが自己主張をするようになる2歳児6人を1人で見るというのも相当ハードなミッションであることは間違いありません。

保育年齢は4月1日時点での年齢で決まる

少し話はそれますが、保育の世界では、保育年齢を「3歳児」というように「○歳児」という表現を用います。これは現時点での年齢ではなく、4月1日から3月31日を年度とし、その初日である4月1日時点での年齢を指す一種の「業界用語」です。

「2歳児」は4月1日の時点で2歳になっているお子さんで、年度末の3月31日までの間に3歳の誕生日を迎えても、その年度内は2歳児と呼ばれます。4月2日が誕生日ですぐに3歳になるとしても、保育施設では2歳児と呼ばれます。2歳児クラスは年度の後半になると、ほとんどのお子さんが3歳になり、一つ上の3歳児クラスのお子さんのほとんどが4歳になっています。

電話の問い合わせでお誕生日をお伺いし、「2歳児さんですね」とお伝えすると、「もう誕生日を迎えたので3歳です」と訂正される保護者の方は多くいらっしゃいます。気持ちはよくわかるのですが、保育施設では年齢の表現が異なるのです。保育の「業界用語」で換言すると、小学校1年生は6歳児、小学校6年生は11歳児という表記になろうかと思います。ご理解いただけるでしょうか。

だから、先の職員配置では、2歳児は子ども6人に対し保育士1人の職員配置で、3歳児は子ども20人に対し保育士1人の職員配置となっていますが、3

歳の誕生日を迎えた日から急に、お子さんに対する職員配置が6対1から20対1に削減されることはありません。年度内はずっと2歳児の職員配置のままです。

同じ2歳児でも4月2日生まれのお子さんと翌年の3月31日生まれのお子さんでは、その成長度合いについて、ほぼ1歳分の差異がありますが、年度単位で制度が区切られているため、職員配置が変わるのは、同じタイミング、つまり年度開始の4月1日です。

例えば、小学校2年生のお子さんが同じ年度内に転校した際、誕生日を迎えたからといって小学校3年生のクラスに入れられることはありませんよね。まさにそれと同じ考え方なのです。4月2日生まれと翌年の4月1日生まれでは、幼い子どもたちにとって、抗いがたい大きな差ですが、社会の制度上やむをえないことかもしれません。

生後57日目の子と1歳7ヶ月の子が同じ0歳児クラス!?

ただし、0歳児だけは例外です。

0歳児は、上記同様、その年度の4月1日時点での満年齢が0歳のお子さんを指すのですが、保育施設の場合、4月1日に生まれていないお子さんも入園の対象となります。

労働基準法第65条第1項、第2項に、「産後8週間を経過しない女性を就業させてはならない」と定められています。そのため、少なくとも生後2ヶ月経っていないお子様は、母親が就業になっていないので保育施設への入園は困難ですが、換言すると、生後8週間（56日間）を経過し、保育が必要なお子さんは、自治体として保育を受け入れる義務が生じます。受け入れができるかどうかは園の保育体制や定員等により異なりますが、多くの自治体では、生後57日目から入園することも可能なのです。

また、労働基準法は労働者に適用され、雇用主（使用者）には適用されません。雇用主が自らの事業について、必要性があれば、生後8週間を待たずに仕事を行わなければならない場合も想定されます。さらに加えると、保育施設の入園要件は、43ページで紹介した通り、就労だけではなく、就学も介護も保護者自身の疾病等も含まれます。これらの要件は、産後8週間以内に必要に迫られる場合が、まったくない、もしくは、決して起きない、とは言えません。その場合は受け入れ側の施設に十分な環境や経験が求められますし、行政や受け入れ施設との十分な打合せも必要なのでレアケースではありますが、生まれて57日に満たない赤ちゃんが入園してくる可能性もゼロではないのです。

もちろん一般的には生後57日目以上のお子さんだとしても、そのお子さんが例えば10月1日生まれで、12月1日に入園してきたとしたら、例えば前の年の5月1日生まれで、その年の4月1日時点では0歳だったお子さんと一緒に過ごすことになります。

生後57日目のお子さんが12月1日に入園してきたタイミングでは5月1日生まれのお子さんはすでに1歳7ヶ月になっていますから、自由に歩き回っている可能性も高いでしょう。

つまり、保育施設では、新生児期を過ぎたかどうかあたりの乳児からほぼ満2歳までのお子さんを一緒に保育したとしても、同じ「0歳児」なので、職員配置は3対1のままです。これが、私たち国民も認めている現在の法律上の保育制度なのです。

これは日本の福祉制度自体が、「すべて国民は健康で文化的な最低限度の生活を営む権利を有する」と定めた日本国憲法第25条（生存権）から発している、ということにも起因しますし、保育に関する「最低限度の生活」について、国民合意が、0歳児については3対1の基準までしか成熟されていない、ということにもなるのではないかと思います。

なお、法律上、保育施設と同じく児童福祉施設と規定される乳児院では、第一義的責任者たる「保護者」が不在になるので、3歳以上児でも職員配置は4対1と、保育施設の5～7倍の職員配置が定められています。保育を行うものとして、「保護者」が不在の状況というのは想像したくありませんが、職員配置については少し羨ましくなったりもします。

保育士を増やしたくても増やせないという事情

保育施設が配置基準以上の保育士を配置すること自体はもちろん違反ではありません。ただし、その人件費を確保するためには、国や自治体などのさまざまな補助金制度を活用したり、保護者や地域の方々から寄付金を募るなどの工夫が不可欠です。

経費的な視点で考えると、保育という事業は、保育士がお子さんに対して「教育」と「養護」を行う「サービス」なので、飲食業や製造業のような仕入れコストはありません。

コストが少ないのはメリットなのですが、一般企業での「顧客」にあたる在籍児童の保護者の数は、在籍児童の家庭数に固定化され、それ以上に拡大することができません。つまり、基準以上に保育士を配置するための人件費に充てる寄付を在園児の保護者に募った場合、一家庭あたりに期待すべき負担額は極めて大きな額になってしまいます。

また、一時的に資金を集めることができても、その金額を毎年、継続的に確保し続けようとすれば相応の事務業務が発生します。

しかし、国から人件費として支給され、保育士と園長（施設長）以外に配置できるのは、2名程度の調理兼事務員の分だけですから、保育施設にはそれを担えるだけの人的パワーは確保されていません。

仮に人件費の問題がクリアできたとしても、肝心の保育士の確保自体がそもそも非常に困難です。「待機児童」の解消が急がれたことで、保育施設が一気に増加した一方で、少子化のために生徒が確保できず保育士養成校が次々と閉校したり、継続する養成校も2年制から4年制に移行したりしているので、需要に供給が追いつかなくなっています。限られた数の非常に少ない保育士を非常に数の増えた保育施設同士で奪い合っているような状況です。実際には、保育施設同士に限らず、介護や障害分野など、他の社会福祉事業者も保育士を職員採用の対象として狙いを定めていたり、一般企業でも深刻な人手不足は続いているので、保育士を対象に含め、強力な採用活動が行われています。そのため、多くの保育施設では保育士を増やすどころか、配置基準を満たすのが精一杯なのです。

そのような深刻な保育士不足を解消するため、医療の世界での「准看護師」のような、保育士より資格が取りやすい「准保育士」という資格を新設してはどうかという議論が出たこともありました。しかし、果たしてそれで保育の「質」は維持できるのかという懸念もあり、議論は立ち消えとなっています。

「保育の必要量」を多くの人が誤解している

こども家庭庁のＷｅｂサイトには、「よくわかる『子ども・子育て支援新制度』」のページがあります（https://www.cfa.go.jp/policies/kokoseido/sukusuku）。

そこに記載されている通り、自治体の保育認定では、「保育の必要量」が認定され、1号認定の場合は4時間（教育標準時間）、2号・3号認定の場合は11時間（保育標準時間）または8時間（保育短時間）となっています。

ただし、11時間の保育標準時間の認定を受けたとしても、それは「最長時間」であり、毎日必ず11時間利用できると保証するもしくは、毎日11時間の保育利用を推奨するものではありません。ましてや、一度登園したら、11時間の保育時間が終了するまで保護者が迎えに来てはいけない、という考えはまったくの的外れです。実際に利用できるのは、通勤時間等も考慮し、「保護者の就労状況等に応じて必要な範囲」の時間です。

こども家庭庁のＷｅｂサイトには「具体的な運用については、お住いの市町村にご確認ください」と記載されていて、多くの自治体では「施設長が保護者の状況を考慮して決定する」としているようです。

しかし、個々の保護者状況を考慮したうえで、客観的な判断基準を明確に設定することは非常に困難です。そのため、「ご都合がつきましたら、できるだけ早目にお迎えをよろしくお願いします」といったお伝えになることが一般的かと思います。

ＳＮＳ上に、買い物や美容院等へ行くために、保育施設に預けることは、ありなのか、なしなのか、といった話題が上ったりしますが、要するにこれは、「保育の必要量」認定とは、「認定された時間枠を利用できる『権利』なのか」という話です。

児童福祉法第1条には「すべて国民は、児童が心身ともに健やかに生まれ、且つ、育成されるよう努めなければならない」という定めがあり、また、教育基本法第10条では「父母その他の保護者は、子の教育について第一義的責任を有する」と定められています。

つまり、子育てについては、「父母その他の保護者」が第一義的責任者であり、「すべて国民」が、子の育成に「努めなければいけない」とされているのです。

また、以前の児童福祉法では、「保育所は、日日保護者の委託を受けて、保育に欠けるその乳児又は幼児を保育することを目的とする施設」と定められていました。現在は、「保育を必要とする乳児・幼児を日々保護者の下から通わせて保育を行うことを目的とする施設」（社会福祉法 第39条）であると定められています。表現の差異はありますが、意図するところは、同義です。

つまり保育施設の定義から考えると、自らの努力による自助でも、周囲の方の手助けを借りる共助でも解決する手段がなく、保育に欠けるあるいは保育を必要とする状況となる時間枠に限り、保育施設という子育ての公助を利用することができる、という解釈になります。

その中で、買い物や美容院が、どうしても子育ての公助を利用しなければならない事由に当たるのか、というと、すべてのケースを網羅的に、該当の有無を断ずるのは難しいのではないかと思います。

曖昧な表現にはなりますが、「すべてＯＫ」とは決して言えませんが、「すべてダメですよ」と判断するには、さまざまなケースもあり、困難ではないかと想定されるわけです。

グレーゾーンの中で、濃いほうなのか、薄い側なのかというあたりではないかと思います。

保育施設は保護者や地域住民の協力を前提に存在している

保育施設というのは、「父母その他の保護者」が第一義的責任者であり、「すべて国民」が、子の育成に「努めなければいけない」ことが前提の施設です。保育士の配置基準が非常に厳しいものであるのも、そもそも保育施設というものが、保護者および地域住民の方の協力があることを前提に制度設計がなされているからなのです。

「イベントのお祭りが開催されているので、屋台で少し楽しんでから迎えに行きます」といった連絡を当然の権利であるかのごとくしてくる保護者の方がまったくいないとは言えず、そういった申し出にどう対応すべきか本当に苦慮します。

その中で、「ルールを明確に統一で示せ!」というニーズが出ると、「すべてダメ」と設定せざるを得ない、ということになろうかと思います。

保育施設を運営する側としては、少なくとも「完全なる私用の場合は」「やむを得ない事情以外では」など条件を入れる必要があるのでは？　公助である保育施設を利用しない、もしくは、利用時間を減少させる努力や他の代替手段は、強く検討をお願いしたいところです。

もう一点、ご理解いただきたい状況があります。

当然ながら保育士も一人の労働者ですので労働基準法が適用されます。

つまり、週の労働時間の上限は40時間です。

職場となる保育施設は週6日、標準で1日11時間、延長保育1時間を合わせると1日12時間なので、週あたりの保育時間は最大で72時間になります。また、保育施設にいる園児が1人しかいないような時間帯であっても、緊急時に備えた対応のため、複数人体制が求められています。

このような条件の中で、ほとんどの保育施設は限られた数の保育士をやりくりしなければなりません。仮に、開園と同時に全園児が同時に登園し、保育終了時間まで全員が残っている、つまり、在籍園児の保育時間が常にＭＡＸの72時間になれば、すべてカバーすることは不可能です。

「保育時間の認定をちゃんと受けているのだから、自分には保育を11時間をフルに活用する権利がある」と誤解されると、保育士の労働時間リソースとしては完全に不足します。

そもそもすべての園児が保育時間をフルに利用する、ということは制度設計として想定されていません。給付予算もひいてはそれを成り立たせる税率負担も「保育に欠けるあるいは保育を必要とする状況となる時間枠に限り」保育サービスを提供することが前提となっています。

例えば食品売り場では試食サービスが提供されることがあります。ちゃんと購入するのだから、とか、自分は顧客だから、などと「権利」を主張し、試食品を自分一人ですべて消費してしまうのは、サービスの目的に反していますし、公益にも反します。

保育という共有のリソースについても、その利用については、おのずから制約があります。行政から保育時間を認定されたからその時間枠を利用する権利がある、利用しなければ損だ、という考え方は、総じて、全体の公益に反してしまいます。

ここまで、大人の世界での話をお伝えしたのですが、必要最小限の保育施設利用を心がけていただくことは、子どもにとってもとても大切です。

子どもは大人がビックリするほど、大人の様子を観察し、理解しています。お迎えが遅い理由も、感覚的に把握していることが多くあります。仕事等、やむを得ない理由があったのか、実はそうでないのか、驚くほど敏感に察知します。「お父さんもお母さんもおしごとで忙しいから、お迎えは遅いんだ」ということは、案外と子どもたちは納得しているものです。逆に、お迎えが遅い日に「今日はお仕事がお休みで、家にいるって言っていたのに」という状況の場合、子どもの気持ちは落ち着かない状態になります。

当然、子どもたちの気持ちやそこに至る状況はさまざまなので、一概に必ず上述のような様子になることが必然的な事項ということではありませんが、この二つの差異の継続は、保護者に対する子どもの愛着形成に少なからず影響を与えます。

一方、保護者の中には完璧主義を目指すあまり、一つダメになると、「もうすべてがダメなんだ」と育児放棄に近い状態になってしまう方もいらっしゃいます。そういった方には、「一度、自己都合で迎えが遅くなっても、愛着がすべて崩壊するわけではないので、安心してくださいね」とお声がけをしたりします。子育てに関して少しでも否定的な意見を出されると、人格すべてを否定された気持ちになりがちなので、その点については、もう少し気持ちを楽に持っていただきたいと思います。

ただ、だからといってすべての方たちの遅いお迎えが常態化、常習化されると、保育施設は完全に疲弊してしまい、子どもたちの気持ちにも重要な影響を及ぼしますので、その点には十分に注意をお願いします。

そのことを保護者のみなさんだけでなく、世の中一般の方々にも、ぜひご理解、そしてご配慮いただきたいのです。

「私用のための保育施設利用はNG」というルールが必要な理由

保育時間についての認識の違いは、保護者と保育施設との間のトラブルを生む原因になります。

例えばSNSなどでも、「有休とって美容院に行ったのがバレて、保育士さんから嫌味を言われた」みたいな投稿はよく見かけますし、中には「そもそもそれの何がいけないのか」と開き直る方もいるようです。

スーパーで買い物をしてからお迎えに行くくらいのことは黙認されているケースのほうが多いとは思いますが、それはあくまでも黙認であって、厳密に言うとルール的には疑問が残ります。

それを口に出すかどうかは別として、このようなルールに関して、「それくらいの融通を利かせてくれたっていいじゃないか」と不満をお持ちの保護者の方も決して少なくないのではないかと思います。

けれども先ほども申し上げたように、そもそも保育施設というものは最低限の保育の質を守るギリギリの制度設計になっています。そしてそれを決めたのは私たち保育施設側ではありません。利用と負担（税金）のバランスも含め、私たち国民が選択した国の制度としてそうなっているのです。

もちろんプロの保育士は、ギリギリの状況の中でも最大限の努力をしています。それが仕事だと言われれば、確かにそうなのですが、例えば、1人の保育士で見守る園児の数が3人と、2人では、保育士にかかる負担はまったく違います。事故が起きるリスクだけでなく、通常時の保育の質にも一定の影響を与えます。そのため、保育の質を維持して子どもたちを守ることを考えると、認定された保育時間の長短に関わらず、一人でも多くの保護者に、少しでも早くお迎えに来ていただきたいというのが現在の日本での保育制度におけるベースであり、だからこそ「私用利用は原則NG」というルールがあるのだということをどうかぜひ記憶に留めておいてください。

提供される権利だけをみなが主張すると福祉は破綻する

もちろん、市場競争の理屈で言えば、利用者側のニーズに最大限応えるのは、サービスを提供する側の責任です。

例えば、スポーツジム等で利用時間の上限を決めて、その範囲内であれば使い放題ですよと謳って利用料を徴収している中で、「みなさん上限ギリギリまで利用するとインストラクターの手が回らなくなってしまうので、控えられる時はできるだけ利用を控えてください」なんてお願いをすることはありえないことです。利用者側は、約束された上限の時間までは好きに利用する権利を購入しているので、権利の行使に反することは契約違反となります。

けれども保育サービスというものが互いに支え合うことが前提で成り立っている以上、いわゆるサブスク（サブスクリクション）のような「使えば使うほど得」「たくさん使わなければ損」みたいな考えは、その根幹を揺るがしますし、行政もしくは施設との契約事項としても、認められた必要量の中で保育に欠ける必要時間のみの利用という内容になっています。その契約に反して、すべての人が「利用する権利」を主張し、フル活用しようとしたりすれば、保育施設の制度は途端に破綻してしまうのです。

保護者は保育サービスを一方的に受ける側ではない

繰り返しになりますが、保育施設というのは、保護者および地域住民の方の協力があることを前提に成り立っています。

だから保育施設の園長や保育士は「一緒に子育てしましょう」と保護者の方に声をかけたりするのですが、残念ながらその言葉の真意が一部の保護者の方へ適切に伝わっていないように感じます。保護者の方の中には「保育施設は保育サービスを提供するところで、自分たちはサービスを受ける側である」という市場の感覚で保育施設を利用していらっしゃるのだろうなと思われる方がごく一部にいらっしゃいます。

例えば、私が運営する保育施設でも、たまたま早めにお迎えにいらした保護者の方から、「向こうで◯◯ちゃんが着替えに手間取っているみたいだから先生見てあげてください」というような声がかかることがあります。もちろん、そこまで目が届かなかった園側に不手際があったことは反省すべきではありますし、その言葉は親切心からのものであることは間違いないのですが、その保護者の方にも自分が手伝ってあげようという発想が自然に浮かぶようになればいいのに、という思いにもなります。

もしも着替えに手間取っているのが自分の子であれば、その方もすぐに手を差し伸べると思います。もしかすると、その方も、手伝うこと自体はやぶさかではないけれど、余計なことはするべきでないと遠慮されたのかもしれません。しかし、子どもの世話は全部保育士の仕事だと考える方ばかりでは、保育施設というシステムが成り立ちません。換言すると、保育という制度は、子育てに関して保護者や地域住民の方の子育て力を保育施設に依存させることを目的としたものではなく、むしろ、最低限の、やむを得ない部分を手助けすることで、公的な保育サービスに頼らずとも、自立的に子育てができるように支援することが目的とされています。

もちろん、保育士と同じ仕事をしろと言いたいわけではありません。ただ、保育施設を利用するすべての保護者のみなさんも自分の子以外も含めた地域子育ての当事者である、ということを忘れないでいていただきたいのです。

現状ではなかなか難しいことであることは理解していますし、前述の内容は施設側が楽をするための体のいい言い訳ではないかと感じる人も中にはいらっしゃるかもしれません。

けれども、保育士の数も含め、保育リソースは、必要最低限で設定されていることはお伝えしてきた通りです。同じ施設に子どもを通わせている保護者の方同士が子育てを助け合うことが当たり前になっていけば、その限られた保育リソースを本当に必要なところに集中させることができます。保育士以外の方々が保育に入り込み、いつでも第三者の目に触れられる状況の中で、多くの方々との協力を元にした保育の運営は結果的にそれが、保育の質を向上させるいちばんの近道なのではないか。私はそのように考えています。

抱えている問題をあえて発信するのを躊躇する施設長

「私用で保育施設を利用できないのだとしたら、例えば、仕事をしながら子育てをしている親はいったいいつ美容院に行けばいいのか」という声が聞こえてきそうですが、「互いに支え合う」というのは社会全体の問題です。

たとえばその時だけは、近所の人が子どもを預かってくれるとか、あるいは一部では行われているような美容院が託児サービスを用意してくれるといったことが、現在よりもっと提供されてよいのではないでしょうか。子どもを保育できない状況になった時に、保育施設しか選択肢がない、ということではなく、会社、地域社会も一緒になって、子育てを支援する環境が重要なのではないか、保育施設の保育時間が短くても、もしくは、地域に保育施設がなかったとしても、みなが協力しながら子育てをできる環境づくりが大切なのではないか、というのが私の思いです。

今のところはまだ、絵に描いた餅に過ぎないのかもしれません。だからと言って、保育施設だけがその役割を担い続けるのが現実的だと安易に考えるのは問題ではないでしょうか。

また、保育施設に依存しすぎる保護者がいたとしても、保育施設の経営者は、それを強く咎めづらいという別の問題も無視できません。

私立の保育施設は、行政からの補助金を受けていますが、保育施設ごと、もしくは、保育施設を運営する法人ごとに、独立で採算を取る必要があります。収入の補助金以上に支出を続ければ、資金が底をつき、経営が破綻することは、営利事業所と同じです。

「現代経営学」あるいは「マネジメント」の発明者といわれるドラッカーは、「いかに私心のない天使が経営者であっても、利益には関心を持たなくてはならない」とも伝えています。保育施設も慈善事業ではありませんから、資金が底をつかないように、経営に配慮しなければ継続することはできません。

保育施設の資金源は行政からの補助金ですが、その金額は在籍児童数により変動します。入園する子どもが少なくなれば、収入である補助金も減少します。

保育施設で過ごすのは子どもですが、お子さんを通わせる保育施設の決定権者は保護者です。

つまり、保護者に選択される施設でなければ、保育施設の経営そのものが立ち行かなくなる可能性があるのです。

保護者の方にしてみれば、「私用での利用は避けてほしい」などとうるさく言ってくる保育施設より、いろいろ融通も利かせてくれる保育施設のほうがありがたいのは確かでしょう。だから保育施設の経営者でもある施設長は、保護者に好かれ続けるための「努力」をするしかなくなってしまうのです。

手厚いサービスの提供がどういう結果をもたらすか

ただし、必要以上のサービスを求めるのは、保育の質を下げることになりかねないことには注意が必要です。

保護者のニーズに即した保育サービスの提供が、選ばれる保育施設になるための必須条件となる現状がある一方で、法律に定められた配置基準等で、それらに関する必要最小限の給付金にてなんとか経営を成り立たせている保育施設が、子どもへの視点ではなく、保護者の都合に寄り添った、保護者に喜ばれる「サービス」を提供しようとすれば、一人一人の子どもにかけられる保育の質は薄まります。

教育経済学を専門とされる慶應義塾大学の中室牧子教授も講演の中で、保育に関する第三者評価について、「保護者の利用に関して自由度の高い評価を得る保育園ほど、保育の質が低くなっている」という指摘をされていました。

もちろんすべての保護者が、自分勝手に、育児放棄のような保育施設利用をしているわけではなく、仕事の都合などでやむを得ず、長時間の保育施設利用をせざるを得ない状況があることは間違いありません。

ただ、子どもにとって最適な保育と、保護者の都合に合わせる保育は、本質的に相反関係にあります。

その矛盾した差異のツケ、つまり、大人の事情による子育てのアウトソーシングについて、社会全体として税金等の負担を増やさないために、極めて制約された状態の保育リソースである公的サービスへ依存することで、保育施設における「保育の質の低下」につながり、不適切保育へのリスク増大も含め、子どもたちへの悪影響としてあらわれることを、私は非常に懸念しています。

園長には保育の現場に立つより大事な仕事がある

保護者のみなさんの協力があれば、限られたリソースを必要なところに集中させることができます。そうすれば、現状と制度の間の矛盾も解消します。結果としてそれは「しっかりと子どもを見守る」という意味での質の高い保育につながるのです。

本来なら保育士としてカウントされない施設長も保育の現場に立つことで、保護者のニーズに応えようとしている保育施設もあります。

園長先生自ら子どもたちを見てくれるというのは一見良いことのように思えるかもしれませんが、施設長も現場に出ざるを得なくなれば、それ以外の業務をする余裕がなくなります。

保育現場は、子どもの発熱、怪我等、常に予期しえない事態の発生と隣り合わせです。余裕がないということは、そういった予期しない事態への対応が日常的に困難であるとも言えます。

また、今の時代、書類を処理する施設長の努力なくしては、最低限の補助金しか得られません。さまざまな情報にアンテナを伸ばし、いろいろな勉強をして、うまく補助金を得られる施設だけが使えるお金を増やせるのです。

変化が激しく、先が見通せないＶＵＣＡ（Volatility／変動性・Uncertainty

／不確実性・Complexity／複雑性・Ambiguity／曖昧性）時代と言われる中で、施設の経営をつかさどる役割の園長が、保育現場に従事しなければならない状況下での、経営的なハンディがどれほど大きいか。一般社会で業務に従事されている方であれば、想像に難くないと思います。

ただでさえ、コンプライアンス（法令遵守）が今後さらに重視される世の中です。コンプラ重視ということは、書類業務、規程関係類の整備、現場作業に関する管理業務も、今後さらに増加する、ということを意味します。

これらをこなしながら、将来の変化に対応した展望を計画立案し、質の高い保育サービスの提供に関して継続発展性を図るということは、現場業務を負担している余裕は、本来であれば認められない、ということになります。

現在、園長がこなすべき業務状況については、前著『ここが変だよ、保育園』にて説明させていただきました。機会がありましたら、是非ご覧ください。

第３章

効率性に配慮してこそ保育の質は上げられる

「温かみ」を求められる中で、効率性の議論がタブー視される保育業界。
この章では、その姿勢が保育の質にどう影響するのか、
どうすればより良い保育の方向へ向かうことができるのか、
といったことについての私の考えをお話しします。

手書きの連絡帳は本当に「温かい保育」の象徴なのか

世の中はどんどんDX化が進んでいる一方で、保育サービスの世界は何事においても、人の手による「温かみ」がいまだに求められることがあります。その「温かみ」の象徴の一つに手書きによる連絡帳が挙げられます。けれども、それは本当に必要なのでしょうか？

保護者に伝達する際に、一般的に手書きは最も遅く、個人差はありますが、一般的に1分間で約20～30文字程度と言われています。一方、キーボード入力は、タイピングの習熟度にも大きく依存しますが、一般的には1分間で約40～80文字程度と、2～3倍の速度と言われています。音声入力であれば、さらに速度向上が期待できます。

伝達方法の中で、最も早いのは口頭で伝えることです。口頭で伝えられるのは、一般的に1分間で約300～400文字程度と言われているので、桁違いに効率的です。

口頭で伝えると5分で伝えられる内容を、手書きの連絡帳にすると、1時間以上、時間がかかる場合もあることになります。

仕事の中で、会議の議事録作成など、発言の文字起こしをする場合を想定すると、同程度の時間コストは想像されるのではないかと思います。

最近では、生成ＡＩによる文字起こしや議事録作成が自動化される場面も多く、改めていままでの作業がいかに手間のかかる、コスト高な時間であったかを痛感されている方も多いのではないかと思います。

これは何を意味するのでしょうか。

口頭で話をすればすぐに終わる内容を、保育時間中、子どもを見守る時間を割いて、一生懸命、手書きで長時間をかけて書き続ける、ということです。それは本当に「温かみ」のある保育だと言えるのでしょうか。

そもそも何をもっての「温かみ」なのでしょう。

こんなに長い時間をかけて、読み手である保護者に想いを重ねてくれた。それは、「温かみ」と言えるかもしれません。ただ、保育施設が保護者に対する「温かみ」を高めることで、子どもを見守ったり、子どもの気持ちに寄り添う時間を削っている現状は、本末転倒ではないでしょうか。

加えて、私たち大人の社会を振り返ってみると、「手書き」はどれくらい残っているでしょうか。

報道によると、日本での郵便物は、この20年間で3分の1ほどに減少しているそうです。個人間の連絡も、LINE等をはじめとしたSNSやEmailが主流になって久しいです。その中でも充分に、お互いの気持ちを気遣い、配慮された「温かい」メッセージが送受信されているのではないでしょうか。

「手書き」のほうが「温かい」ということであれば、いま、手に取っていただいている書籍は、どうでしょう。これが文字の判断が困難な私の悪筆で書かれていたら、みなさんは、私がみなさんに伝えたいと思っている内容を、より「温かい」内容と受け取っていただけるでしょうか。「読みにくいから活字にしろ！」と言われる方のほうが多いのではないかと思います。

保護者の方には、保育士の行っている業務、特に保護者向けに行っている業務について、その業務に関する時間コストへ厳しい目を向けていただき、大人の都合、大人のための業務に時間を割くことを原因として、子どもへの保育にかける時間が削減されてないかどうか、より強く見守っていただきたいと思います。

保育士には連絡帳を書く以外の仕事が山ほどある

ここで、私が運営している認定こども園の、日々のタイムスケジュールをご紹介します。

●乳児クラス担当の保育士の1日のスケジュール

7時　登園児の受け入れと体調に問題がないかなどの確認、自由遊び見守り
9時15分　おむつ交換
9時30分　欠席者の確認、朝の歌、朝のおやつ
10時　遊び、おむつ交換

11時　給食・ミルク
11時45分　おむつ交換・着替え
12時　お昼寝のための寝かしつけ
13時30分　お昼寝から起きた子から順次おむつ交換、着替え
14時　おやつ・自由遊び見守り、おむつ交換
15時　ミルク
16時30分　おむつ交換
18時　降園児の送り出し、延長保育の子のおやつ
19時　全員降園

●幼児クラス担当の保育士の1日のスケジュール

7時　登園児の受け入れと体調に問題がないかなどの確認、自由遊び見守り
9時15分　排泄補助、手洗い補助、欠席者の確認、朝の歌
10時　戸外遊び見守り

11時20分　給食
12時　排泄補助。手洗い補助、着替え補助
12時15分　お昼寝のための寝かしつけ
14時　お昼寝から起きた子の排泄を補助、着替え補助
14時30分　おやつ、排泄補助
16時　排泄補助
18時　降園児の送り出し、延長保育の子のおやつ
19時　全員降園

子どもたちの登園は7時から始まりますので、早番の保育士はそれより早く出勤して、子どもたちを迎える準備をします。また、次々と登園してくる子どもたちを迎える際には保護者の方とお子さんの体調などについての情報共有をする必要もあるので、1日で最も慌ただしい時間になります。もちろんその後も子どもたちと散歩に出かけたり、園庭遊びをするなど、体力も神経も使う時

間が続きます。

2～3歳児のクラスではトイレトレーニング中の子も多く、おもらしも日常茶飯事です。その都度、床を拭いたり着替えさせたりという対応をしなくてはなりません。また、給食の時間も、誤飲やアレルギーのある子の誤食などがないよう注意深く見る必要がありますし、お昼寝の前後は布団を準備したり、片付けたりという仕事もあります。乳児の場合はお昼寝中もＳＩＤＳ（Sudden Infant Death Syndrome：乳幼児突然死症候群）のリスクがあるため、呼吸や寝姿などもこまめにチェックします。また、なかなかお昼寝ができない子もいますから、そういった子どもの対応も必要です。お昼寝が終わってから降園まででも、子どもたちからはひとときも目を離すことはできません。

このようなスケジュールを目の当たりにすると、連絡帳をゆっくり書く時間の確保は非常に困難であることがご理解いただけるのではないでしょうか。子どもを見守りながら日々、連絡帳を書くことは、その分子どもを見る時間が確実に減少します。つまり、手書きによる「温かい」「心の通った」と言われる連絡帳は、大人間のコミュニケーションに関する業務であり、保育の本質である子どもたちへのケアにかける時間を減少させ、保育の質の低下というリスクと背中合わせなのです。

「連絡帳は監査で確認されており、実施が必須化されている」と思われがちなのですが、実はそのような規定はありません。保護者との連絡を密にすることは求められていますが、その手段については特定されていません。

「温かみ」の呪縛を離れれば保育の質は上げられる

年に一度の年賀状でさえ極めて減少しているというニュースを頻繁に耳にします。手紙自体の郵送量も大幅に減少し、LINE等のSNSが非常に一般化しています。その中で、保育の現場には「温かみ」という「手書き」への重視が継続されることに私は違和感を覚えます。

それもあって、近年はICTを導入する保育施設も増え、保育施設と保護者とのコミュニケーションをインターネット経由に移行するところも増えてきました。私が運営する施設でも、ＣｏＤＭＯＮ《コドモン》というオンラインサービスを導入しました。

ＣｏＤＭＯＮを使うと、保護者からの遅刻や欠席の連絡や、保育時間の延長申請をアプリで受け付けることができます。朝の忙しい時間帯の電話対応が不要になるので、子どもたちを余裕を持って受け入れることができ、その分、保護者と密にコミュニケーションすることもできます。アプリで受け付けた情報は職員に一斉通知で共有できるので、確認漏れや引き継ぎのミスも防止できます。

また、園からのお知らせを全保護者、あるいはクラスごとに配信できるうえ、保護者がそれらのお知らせを確認したかどうかの既読管理もできるので、通常のお知らせ配信はもちろんのこと、災害時にも役立ちます。紙の配布物だとうっかりなくしてしまったり、確認したいときに手元にないといったことも起こりますが、これならスマホさえあればいつでもどこでも確認できるので、保護者の方たちからの評判も上々です。また、自宅の冷蔵庫の前面に保育園からのお知らせがペタペタ貼られることがなくなって、キッチンがスッキリしたという声もあります。保育園や小学校からの紙のお知らせが家庭内で置かれる場所は、何故か、冷蔵庫の全面扉が多いんですよね。非常に興味深いです。

このような保護者の方たちからの反応を見ていると、「温かみ」の呪縛に囚われているのは、長年それを続けてきた保育施設の方かもしれないという気もしてきます。

ここでは、連絡帳を例に挙げましたが、他にも現代の業務効率化から考えると、古い方法と思われる事項は多岐に及びます。

効率性の議論がタブー視されがちな時代遅れの保育業界

保護者が求める「温かみ」の対極にあるという思い込みがあるのか、保育の「効率性」というテーマはあまり議論されることがありません。

もちろんこれは、保育業界関係者の責任もあるのですが、保育施設の経営というものに対する世の中の無関心もかなり影響しているのではないかと思います。

国の補助金等で運営されている保育施設が効率性を無視した経営をすれば、無駄に多い税金が投入される、もしくは、保育士等に不要な負担をかけることになります。そしてそれはより重い税負担が私たち国民にのしかかったり、保育に係る保育士のストレスを不要に高めたりすることを意味します。

今後、労働者人口が減少し、社会を支える人口の減少が避けられない中、本当にこれで良いのでしょうか？

例えば、近い将来、保育ロボットのようなものが、保育士の助手として活躍する未来を一部の人たちはすでに描き始めているのですが、血の通わないロボットに温かみのある保育などできるはずがないという反対意見には根強いものがあります。ほとんど、アレルギー反応のような印象を受けます。

保育同様、社会福祉事業の一つである介護業界では例えば、認知症の症状等により高齢者の方が何度も同じ話を繰り返すこともあります。幾度も同じ話を繰り返されることは、一般的に聞く側にとっては苦痛であるうえ、人手不足も重なり、ただでさえ多忙な状況にある介護士等が、高齢者の方が満足されるまで話を拝聴し続けることは、そもそも極めて困難です。少しの時間であれば話に耳を傾けることもできますが、次々と蓄積を重ねる作業、業務を前に、それらを処理しなければならない責任感と相まって、高齢者の話に傾聴したい気持ちとは裏腹に、ストレスをため込んでしまったり、高齢者の方の気持ちを別にして業務の処理手順を優先せざるを得ないことは多々あろうかと思います。

しかし、高齢者向けの会話用ロボットであれば何時間でも、高齢者の発話に傾聴し続けることができます。ロボットの進化は目覚ましく、「高齢者 会話ロボット」で検索すると、多数の商品や、サービスの比較サイトがヒットします。この現状の中で、ロボットでは「温かみ」がないので人間が対応するべきだ、などとは言えなくなるのではないでしょうか？

「効率的な経営」で質の高い保育が実現される

例えば、ＣｈａｔＧＰＴやＧｅｍｉｎｉといった生成ＡＩは、今やかなり高いレベルで人間と音声での対話ができます。Ｃｏｔｏｍｏのような音声会話型おしゃべりＡＩアプリも登場しています。音声認識や画像認識も今では非常に高いレベルで実現できるようになっています。

30年前のＡＩレベルのようを経験している者から見ると、マイナンバーカードのように重要性の高いＩＤカードでも端末の顔認証での確認が実用化されている現状は驚嘆でしかありません。

将来的には、カメラやマイクを備え、周囲の様子や声、音から判断して、その場に適した、個別対応の声掛けができるアプリの登場も想像に難くありません。例えばそれが、小さなアクセサリーのように、身につけられる携帯型のツールになれば、子ども一人一人を常に見守りながら、その場の状況に応じた声掛けもできるようになるかもしれません。

現在でも赤ちゃんの睡眠モニターが活用される時代ですが、それだけでなく、温感センサー等で、定期的に体温を確認し続け、発熱の兆候が表れた際には、即座かつ自動的に保育士や保護者に連絡を送信、といったことも可能性として考えられます。

子ども同士のトラブルや、転倒による怪我等についても、その状況に至る経緯も含め、自動的にＡＩが説明できるようになったり、保育所保育指針や施設の保育理念、保育に係る年間計画や園児ごとの個別保育計画に基づいて、その場に応じた最適な声掛けができるようになったりするかもしれません。現在の配置基準では、保育士がすべての子どもを常に見守り続けるのは非常に困難ですが、ＡＩロボットの活用により、常に子どもたちを一人一人個別に見守り続け、子どもの成長につながる失敗の経験を積み重ねたり、大きなリスクが懸念される状況を事前に回避したりといった、保育士と同様の対応も可能になる時代が来るのかもしれません。

このような時代になると、もっと少ない保育士の配置基準、つまり、もっと少ない運営コストやもっと少ない税負担で、現在よりも質の高い保育を実現できる可能性もあります。現に、介護分野では、「全利用者に見守りセンサーを導入」「夜間職員全員がインカム等のＩＣＴを使用」など一定基準を満たすと人員配置基準の緩和が認められるようになりました。その是非には議論の残るところですが、将来に向けて、この流れは止まらないのではないかと思います。

福祉事業所は、人件費が大半を占めるので、人員配置基準が緩和されるということは、経営的には大きなメリットです。もちろん提供される福祉サービスの質の確保については慎重に対応する必要がありますが、配置基準が緩和されても、質が下がることなく、むしろ質の向上が実現できるような体制になれば、願ったり叶ったりではないでしょうか。

保育施設においても、効率的な経営を目指す機運が高まれば、国民の税負担は軽減され、しかも、これまでより質の高い保育が実現されるということも期待できます。

そのために、何ができるのか、その実現される状況を利用者としてどのように受け止めるのか、といったことには、今から十分な検討が必要ではないかと思います。そもそも労働者人口が今後減少するのは避けられない事実なので、いずれにしても保育士が圧倒的に不足することは明白です。そんな中で保育サービスを継続させるためには、質を確保したうえで、機械にできることを機械に任せ、人間は人間にしかできない業務に集中するという仕組みづくりは必須要件になります。

カメラを設置するのは冷たい監視なのか？

みなみ福祉会が運営するほとんどの施設では、例えば園児が怪我をしたりした場合にその原因を検証できるよう、カメラを設置しています。

ただ、法人や園によっては、保護者の強い反対に遭い、いまだ設置ができていない、というところも見かけます。保護者だけでなく、その施設で働く保育士から反対が出ているケースもあるようです。

カメラを設置することに対する拒絶感は、牢獄や刑務所のような監視体制をイメージすることが原因ではないかと思います。そのように発想すると、カメラを使った監視は、「冷たい」仕組みのように感じるかもしれません。けれども、監視カメラによる監視は、果たして本当に「冷たい」監視なのでしょうか。

保育施設は、大切なお子さんをお預かりして、教育および養護という保育を提供する場です。そのような場で、現状の配置基準の中、子どもと関わる時間以外に、事務作業も大量に抱えている状況で、どの子の安全も常に見守り続けることは一般の方が想像されるよりはるかに困難です。

ふと目を外した瞬間に、思わぬトラブルが生じることは起こりえます。その際に、その状況を映像として確認できることは、保護者にとっても大きな安心につながるのではないでしょうか。保育士にとっても、思わぬトラブルについて、再発防止体制の検討にも役立つ、重要な資料になります。

また、現在の世の中、街のいたるところに監視カメラが設置されています。

そして、重大な犯罪が発生した時に、カメラの情報を確認することで、犯罪捜査に大きく寄与することがあります。車にドライブレコーダーを設置し、事故発生時に備えることもかなり一般的になってきたのではないでしょうか。

当法人の施設でも、水道の蛇口が夜中に盗まれたことがあります。その様子が監視カメラに写っており、その地域周辺で起きていた同様の事件と併せて、犯人の検挙につながったことがありました。

起きてはいけないことですが、例えば、保育施設内で重大な事件が発生した場合、その現場を確認することができない状況というのは、現在の世の中で、大切なお子さんをお預かりする施設としての責任を果たしているのか、という と私は個人的に、大きな疑問を感じます。

また園によっては、カメラに残った記録映像を基に、自身の保育の振り返りに活用する研修を実施しているところもあります。これは、自らの保育を第三者の客観的な視点で振り返る、という点で、非常に有効な手段であり、保育の質の向上にもつながります。

「今から撮影される」と心がまえをした保育の様子だけでなく、カメラを気にすることなく、普段通りの保育を記録に残すことで、第三者機関に保育の質を評価していただく素材にもなりますし、入園を検討される保護者へ、保育の様子を説明するために提供する映像資料としても活用できるかもしれません。「監視カメラ」というと冷たく聞こえるかもしれませんが、「見守りカメラ」と表現すると「温かみ」のあるシステムに聞こえるでしょうか。呼び方が違うだけで機能としては同じです。

カメラの設置、記録媒体の維持にはコストもかかりますので、困難な状況もありますが、私は、できる限り、数多くの視点から記録を残し続け、万が一の場合、もしくは、状況に応じて有効な活用方法を検討するべきだと思います。

それでも刑務所のような監視体制を懸念される方にはお伝えしなければなりませんが、刑務所の監視員のように、カメラの映像をずっと監視し続けられるような暇な人間は、施設長も含め、施設職員、保育関係者の中には、一人もいません。みな、とても多忙です。万が一の際に記録映像として活用するのみです。

また、「自分たちの保育を監視されている」という捉え方をして監視カメラの導入に抵抗を感じている保育士の方も、カメラ云々以前に、いつでも胸を張って、誰に見られても困らないような保育をするのは当たり前のことではないでしょうか。そういう意味でも監視カメラの導入は、保育の質を上げるためにも必要なのではないかと思います。逆に、子どもたちの過ごす空間について、カメラが設置されていない施設は、子どもの安全を本当に守ることができるのでしょうか。死角箇所の多寡を施設選定の一基準に加える、という視点も今後は必要になってくるのかもしれません。

保育施設での事故がなくならない理由は検証不足にある

起きてはいけないはずの「思いがけない事故」というものは、残念ながら完全に防止することはできません。もちろん、それは保育に限った話ではなく、すべての現場に言えることです。

『失敗の科学』（マシュー・サイド著／ディスカヴァー・トゥエンティワン）という本の中で、航空業界が圧倒的な安全記録を達成している一方で、医療業界ではアメリカ国内だけで毎年１００万人が医療過誤による健康被害を受け、12万人が死亡しているというハーバード大学のルシアン・リープ教授が行った調査結果が紹介されています。

航空機にはすべてほぼ破砕不可能な「ブラックボックス」によって、飛行データやコックピット内の音声が録音されており、事故があればそのブラックボックスのデータ分析によって原因が究明され、二度と同じ失敗が起こらないよう、速やかに対策がとられます。そのような優れた仕組みが整っていることが航空業界が奇跡的とも言えるほどの安全性を確保できている理由であると分析されていました。

その一方で、医療業界はこれまで、事故が起こった経緯について日常的なデータを収集するようなことはせず、結果として「言い逃れ」の文化が根付いてしまっているのではないかと著者であるサイド氏は述べています。

このことからしても、不慮の事故をなくしていくには、カメラの映像のような客観的なデータの存在がいかに大事であるかがよくわかるのではないでしょうか。

また、航空業界では、一旦事故が起きると大人数の命にかかわるため、失敗に対する姿勢には強い思いがありますです。具体的には、失敗した本人を責めるのではなく、「人は間違える」という前提の下で、仮に間違いが発生しても、システム、仕組みとしてカバーし、大事には至らないようにする対策を立てている、ということです。

また一度立てられた対策は、全世界に周知、徹底される仕組みも、非常に重要な機能を果たしています。

航空業界と保育業界では比較にもなりませんが、大切なお子さんをお預かりする立場としては、高い安全性を実現している航空業界から、少しでも見習うべきではないかと思います。

私たちの保育業務は、「人は間違える」ことを前提にできているか。保育士等が間違えた際に、それをカバーできる仕組みは実現できているか。誰かが、間違いや失敗を犯した時に、その行為、あるいは、その時点での状況が不適切な状況であるというアラートを自動的に発する仕組み、および、それを回復するための手順マニュアルが自動的に表れる仕組みが構築されているか。ある施設で立てられた対策が、施設、法人、地域を超えて、情報を共有できる体制になっているか。

そのように考えると、不適切保育を行った保育士に限らず長年に渡り横領などの犯罪を行った方も、それぞれの責任はあるにせよ、その不適切な状態を発見できる仕組みづくりに関して責任を負った側にも、一定の問題があるのではないか、という気もします。

簡単に実現できないかもしれませんが、チェック機能が有効に機能すれば犯罪を未然、もしくは最小限に抑え、該当者が犯罪者になることを防ぐこともできるのかもしれません。

私立の保育施設については、全国組織として、「公益社団法人 全国私立保育連盟」、「特定非営利活動法人 全国認定こども園協会」などがあります。そのような組織が中心となって、現場でのヒヤリハット事例、こども家庭庁が発表する「教育・保育施設等における事故報告集計」等の情報を収集し、その原因を体系的に分析し、対策の立案、全国への周知、対策実施の確認方法の確立などにより、一地域で起きた事故が全国での保育現場について、事故の未然防止につながることを切に願うところです。

スケープゴートを見つけようとすると真実が隠される

また、同著の中でサイド氏は、航空事故が起こった場合、航空会社とは独立した調査機関などによる事故の調査結果を民事訴訟で証拠として採用することは法的に禁じられていることや、「小さなミス」も適切に報告すれば処罰されない決まりになっていることなどが、「失敗から学ぶ」ことにつながっていると述べています。そして、事故やミスが起きた時にスケープゴート（罪や責任をかぶせられ迫害される人）を見つけようとすれば、誰もが失敗を隠すようになり、貴重な情報源を活用することもないままに葬り去ってしまうことの危険性について警鐘を鳴らしています。

あってはならない事故が起こった時、被害にあった家族が大きな怒りや悲しみを抱え、例えば施設長などの責任を糾弾したくなる気持ちは十分に理解できます。

ただし、社会全体まで感情的にスケープゴートへの批判を繰り返すようになっては、そこから何も学ぶことができず、結果として同じような事故が繰り返されることにもなりかねないのです。

小さな事故であれば、「今後、気を付けます」といった反省に帰着することはよくあることです。しかし、その事故が起きた際にも、本人は十分に気を付けていたはずです。それにもかかわらず、「今後、よりしっかりと気を付ける」という対策は、「またいつか、再発する可能性もあります」という宣言と変わりがないのかもしれません。

取り返しのつかないような大きな事故になると、マスコミを含め、管理者への責任追及の報道が次々と流れてきます。

しかし、事故による影響の大小と、その原因となる事由の重大性には、相関性が認められない場合もあります。ほんの些細なミスが、甚大な事故を招くこともあります。

事故で被害を受けられた方は、責任者に対する追及を求めたくなる気持ちは十分に理解できます。ただし、たとえ、責任者が辞任なり被害を補償したとしても、必ずしも再発防止にはなりません。

少なくとも社会は、人を責めるのではなく、仕組みを責めるべきです。失敗した人を責めることは簡単かもしれませんが、問題は解決しません。

『とにかく仕組み化』（安藤広大著／ダイヤモンド社）、『仕組み化がすべて』（岩田圭弘著／SBクリエイティブ）など、仕組み化の重要性を説く書籍は枚挙にいとまがありません。

有効な仕組みを構築するためには、真の原因追究が必要です。大きな事故を起こしてしまった人は、すべて自己責任として、悪いのは私だけとしたほうが、ある意味、楽なのかもしれません。それでは、真の原因を見つけ出すことはできません。

「ついうっかり、見落としていた」ということであれば、「見落とした人が悪い」ということではなく、「人は見落とすことがある」ことを前提とし、「人が見落とした場合に、どのような仕組みで事故を防止するか。どのような仕組みを構築すると、組織としての見落としがなくなるか」について、真剣に検討し、立てられた対策を関係機関で周知徹底するべきです。

保育の中で、子どもたちが悲しい事故に遭うことのないよう、強く願います。

日本版DBSはあって然るべき制度なのか

「温かみ」と同様に、すべてを正当化させるパワーワードが「子どもを守るた

「日本版ＤＢＳ」法成立、性犯罪歴を最長２０年確認可能に…２０２６年度をめどに施行

子どもと接する職場で働く人の性犯罪歴を確認する「日本版DBS」創設を盛り込んだ「こども性暴力防止法」は19日、参院本会議で可決、成立した。性犯罪歴の有無を刑の終了から最長20年確認することが可能となり、就労を制限できるようになる。2026年度をめどに施行される。

日本版DBS制度は、子どもと接する仕事に就く人の性犯罪歴について、事業者がこども家庭庁を通じて法務省に照会できる仕組み。現職者も照会の対象となり、犯歴が確認された場合、事業者は配置転換などを講じなければならず、解雇も許容される。同法では、行政に監督・認可などの権限がある学校や保育所などに対して、性犯罪歴の確認を義務づける。

一方、学習塾や放課後児童クラブなどは日本版DBS制度の参加を任意とし、希望して国から認定されれば確認の義務を負う。

対象となる性犯罪は、不同意わいせつ罪などの刑法犯のほか、痴漢や盗撮といった自治体の条例違反も含まれる。照会期間は拘禁刑（懲役と禁錮両刑を2025年に一元化）が刑を終えてから20年、罰金刑以下は10年とした。

性犯罪歴がない人でも、子どもや保護者からの訴えから、性加害の「おそれ」があると認められれば、配置転換などの措置を講じなければならない。「おそれ」の判断が恣意《しい》的に行われる可能性があることから、こども家庭庁は今後ガイドラインを作成し、判断の基準を示すこととしている。

出典／ 2024年6月19日読売新聞オンラインより

め」というものです。

２０２４年の3月に「日本版ＤＢＳ」を導入するための法案が閣議決定され、「日本版ＤＢＳ」法が成立し、性犯罪歴を最長20年確認可能に……といった内容の法律が２０２６年度をめどに施行されますが、その根拠となったのもまさに「子どもを守るため」のように思われます。

日本版ＤＢＳとは、子どもへの性暴力を防止する手段の一つとして、特定の性犯罪の前科の有無を定期的に確認するよう、学校や認可保育所など、法律上、認可の対象となっている施設に義務付ける制度です。

過去の性犯罪前科情報を、教育や保育の現場における将来の性犯罪事件の予防に使おうというもので、「日本版」とついているのは、イギリスをはじめ、ドイツ・フランス・ニュージランド・スウェーデン・フィンランドなどに同様の制度があり、それをモデルとした日本独自の制度になっているからです。確認する性犯罪は、「強制わいせつ」などの刑法犯はもちろん、痴漢や盗撮などの条例違反も含まれ、性犯罪歴の確認の対象期間は最長で20年とされています。

「子どもを守るため」という大義名分があると、誰も反対はしにくいですし、新聞やテレビなどでの報道も「あって然るべき制度である」という論調です。

子どもに対する性犯罪は断じて許せるものではないという前提の上で、あえて申し上げると、私はこの制度の導入にはやや疑問を持っています。

冤罪の可能性は果たしてどこまで考慮されているのか、という懸念もあるのですが、保育施設の運営に関わる身としては、それにかかる「業務コスト」という現実的な問題が見落とされていると思います。

日本版ＤＢＳの運用を報道で見る限り、採用時の確認業務が追加されるように思われます。そのため、行政に対しては、日本版ＤＢＳの確認を示す書類等を添付して、職員採用の報告を行うか、施設監査時に書類を確認するような流れになるのではないかと思います。

しかし、ただでさえ、職員の入退職時には多くの書類の作成が必要なので、そこにさらに書類確認業務が追加されるとなると保育施設側の業務の負担はますます大きくなります。

新聞記事によると、過去20年に遡ってDBS制度を適用した場合、性犯罪の予防のために保育や教育の現場から排除されたであろう人の人数は全国で97人だったそうです。20年で97人ということは、1年あたり5人にも満たない人数です。私が施設を運営している愛知県全体で見ると10年に1人いるかどうかという、ほぼゼロに近いレベルの人間を洗い出すために、すべての保育従事者の性犯罪歴を定期的にチェックするなどということは、とても非効率的ではないだろうかと私には感じられます。算定された人数については、計算の根拠となる諸条件により大きな変動幅は想定されますが、それでも総数が大きな数にならないであろうことは今まで保育事業に従事している長年の経験、各種段階を通じた他施設との意見交換、情報共有の中からも感じられます。

年末ジャンボ宝くじの1等当選本数よりも少ない数に対し、「当選しているかもしれない」という確認作業を、職員の採用時に毎回繰り返す責任が生じる、というのは、どのように理解したらよいのでしょうか。コスト見合いで語ると違和感を覚えられるかもしれません。逆に、そのコストを払うことで、保育にかけられるリソースを削減するデメリットに見合う内容でしょうか、と問うとどうでしょうか。

そこまでのコストを払って、宝くじの当選よりも少ない不適格者を確認し続けることで得られるメリットはコストに見合うのでしょうか。

新聞等で不適切保育が報じられることもありますが、その内容は性的加害以外の項目が多いように見受けられます。日本版ＤＢＳによって防止できるリスクがわずかであれば、そこに大きなコストを払うのではなく、日々の保育が適切に行われているかどうかを管理するコストにより注力したほうが効率的ではないでしょうか。

例えば、性犯罪歴のある人には、取得した保育士証が自動的に停止されるような仕組みであれば、保育事業者は保育士証が有効かを確認すればいいだけなので、負担は大きく軽減するのではないでしょうか。

保育従事者一人あたりに費やされる確認作業時間はわずかかもしれません。しかし、こうした小さな業務が膨大にあふれることで、保育施設の事務業務は非常に圧迫されているのです。

保育施設では、一般企業のビッグプロジェクトにあたるような業務はあまり多くはありません。圧倒的に多いのは、すぐに終了できるような小さな業務です。そしてその小さな業務が、終了できないほどの件数に至っているのです。私はこの状況を、「業務のミルフィーユ」と呼んでいます。薄い層の業務が幾重にも積み重ねられています。しかも重要な業務が、上から十数枚目に入っていたりもします。1枚1枚の層がそれほど困難な業務でなかったとしても、それらをすべて管理するのは、非常に困難な状況になっていて、それが保育現場を疲弊させているのです。その中で新たな1枚が追加されようとしているわけです。より一層、子どもたちへの保育や、保護者や地域の子育て支援に力を入れたい、より質を向上させたい、と思っていても、現状は負担が増加する方向へ移行しようとしているのです。

DBS制度を導入しただけで防げる性犯罪はごく一部

また、日本版DBSは、一介の保育施設が「漏洩してはいけない個人情報」に触れる、ということでもあります。そうなると保育施設の情報保護体制もより一層、強化する必要があります。情報漏洩や規定された権限外の人物による不法なアクセスなどが発生したりすれば、大きな社会的制裁を受けることにもなりかねません。

これらに関する新たな内部けん制の規程整備も必要になるかもしれませんし、規程に定められた管理状況記録も新たな業務として追加されるかもしれません。日本版DBSにアクセスするためには、IDやパスワード等も必要になることが想像されます。

現在でもすでに、さまざまなシステムを利用しなければならず、管理しているID、パスワードの数も膨大です。私の管理しているID数は、まもなく4桁に達する勢いです。その中に、新たなデータが追加され、また定期的なパスワード変更などが求められると、さらに管理コストは増大します。

本来であれば子どもたちを見守るリソースとして活用できる部分を、1年間に全国で5名程度、いるかどうかの人物を排除するために使うことは、コスト見合いとしてどうだろうか、という気もします。

ただ単に、日本国内のコストバランスだけでなく、国家間の国際関係の中で整備が求められる制度もあろうかと思いますし、時代の流れの中で、避けることのできない事項もあろうかと思います。

その中で、制度が実現するリスクヘッジだけに注目するのではなく、その制度実施により新たに生じる負担と、そのコストバランスについても、もう少し、世の中の注視が向かうと良いのではないかと思っています。

そもそも性犯罪者の圧倒的大多数は「初犯」で前科がないことがわかっているので、前科の有無を確認するＤＢＳ制度を導入しただけで防げる性犯罪はごく一部です。性犯罪は再犯率が高いという説明もありますが、実はそのようなはっきりとしたデータはありません。法務省が出している令和四年版の「再犯防止推進白書」には、「性犯罪の2年以内の再入率は2020年（令和2年）出所者で5・0％となっており、出所者全体（15・1％）と比べると、再犯率が高いとまではいえない」という記述があります。それであれば、コストに対するメリットのバランスが取れているとは言い難いのではないでしょうか。それによって保育施設の経営が疲弊していけば、それは利用者側にとっても良いことではありません。

「確認の電話1本」をかけることの意味

保育施設の効率性の話をすると、「効率を優先して子どもの安全を蔑ろにするのか」という危惧が生じるかもしれません。しかし、書類等の大人に関する業務についてはできる限り効率化し、子どもと向かい合う時間を極力多く確保することこそが、保育の質を高め、子どもに安全をもたらすのだと考えています。

保育施設での業務というのは、先ほども話したように「小さな業務」の積み重ねです。一つ一つを見れば些細なことのように見える分、どんどん積み重ねられていき、結果として膨大な業務になっています。

2年ほど前、保育施設に預けにいったはずの親が、車に子どもを置いたまま会社に行ってしまい、そのまま車中に閉じ込められた子どもが熱中症で亡くなってしまうという不幸な事故がおきました。

この事故を報じたニュース番組などでは、「欠席の連絡が入っていないにもかかわらず登園してこない子がいる場合には、保育施設から保護者に確認の電話をかけることを義務化すれば、こういう事故は防げるのではないか」という声が多数上がっていましたが、そこには「電話の1本かけることくらい大したことじゃない」という想定があります。

確かに「電話をかけること」自体は決して大きな業務ではありません。けれども、保育士の配置も含め保育にかけるリソースは必要最低限に抑えられていて、ギリギリの状態での運営を余儀なくされています。そこにたとえ小さな「電話をかける」という業務でも加わるとなれば、その時間は本来携わるべき「保育」から離れることになります。電話は、着信した電話を受け取る側の時間的タイミングも重要となります。そのタイミングで電話に出られない場合は、幾度もかけなおすことが必要となります。数多くの業務がある中で「後で行う」タスクを記憶し続けることは少なからずストレスにもなりますし、他業務への集中を欠く要因につながることは、どのような業界でも同じではないでしょうか。また、一人一人番号を確認しながら電話をかけ、うまくつながった後も挨拶をしながら話し相手が間違いなく当園児の保護者であることを確認して用件を伝え、お子さんの様子を確認し、電話の終了後に通話の内容を記録し、といった流れを数件繰り返すとなると、それなりの時間がかかります。「欠席の連絡が入っていないにも関わらず登園してこない子」は、決してレアケースではありません。その度に一件一件電話をかけるとなると、そこにかかる時間コストは、本来、保育に費やすことのできるリソースを割くことになり、その分、保育へのリソース不足リスクが高まってしまう、ということにつながりかねません。

電話をかけるだけなら事務員でもできるじゃないかと思うかもしれませんが、

定員100人規模の保育施設の場合、「調理事務など」として配置されるのはたったの2人です。つまり、たった2人でその日の全員分の給食を作り、経理や書類業務をこなし、業者との打ち合わせや保護者からの問い合わせ対応などにも当てる、という職員配置が、法的に、つまり、世論の定めた保育事務に関するリソースです。

そもそも保育施設が責任を負うのは、日々、保護者から委託されて、子どもを実際に預かっている間であり、お子さんをお預かりする前については、保育施設の責任範囲外です。第一義的な責任のある保護者へのサポートを通して、本来の責任範囲の業務時間を削ってしまうリスクがあまり議論されていないように見られるのは、私は残念に思います。

不適切保育の基準はどこにある?

近年、「不適切保育」という言葉がよく聞かれるようになりました。第1章の最後にも紹介した小崎教授は、「(社会のインフラとして認識されるようになった)結果として保育の社会的価値が向上し、その分、社会の視線が厳しくなったことで、実は以前から存在自体はあった不適切保育に対する社会的な関心が高まり、そのニュースがセンセーショナルに報道されるようになったのではないか」という趣旨のことを同じ記事の中で語っていらっしゃいました。

その点を踏まえた上で、それ以外に、待機児童問題の解消も大きく影響していた、つまり以前は待機児童問題への対処が最優先だったので、不適切保育の問題に関心を寄せられる機会が少なかったのではないか、という気がします。

かつて、ある保育施設で0歳児がうつ伏せ寝が原因で死亡するという事故が起こった時、不適切保育案件を批判する声ではなく、「空きが出たのだからその園に入所したい」という声が出るほど、待機児童問題は深刻だったのです。

いずれにしろ今は、社会的なコンプライアンス意識が非常に高まっているので、保育の現場においても、当然それを無視することはできず、不適切保育を疑われるようなことは絶対にあってはならないという、思いが広がっています。

もちろん虐待のようなことはあってはならないことですが、新聞記者自身の子どもが通う保育施設で、「はしゃぐ園児がいて、危ないので止めようとした際に誤って怪我をさせた」案件が、不適切保育と認定されたことに疑問を持ったとの記事が2024年8月28日付けの朝日新聞に掲載されていました。

その記事は、「こども家庭庁が昨年に発表した『不適切な保育』の初の実態調査では、『不適切な保育が疑われる』として、市町村が事実確認をした全国の認可保育所は1492件で、うち914件が『不適切』と認定された」と報じていますが、その一方で、保育研究所の所長で、自身も認可保育園を運営する村山祐一・帝京大元教授によると、「虐待のような事案は別として、そもそも不適切保育の定義があいまいだ」という指摘も紹介しています。

村山元教授はまた、「極論を言えば、けがをさせれば不適切、叱っても不適切、放っておいても不適切で、どの園にも不適切保育の可能性がある」ともおっしゃっていましたが、それぞれ各人の主観を基準にして「判断する」ということは、不要な混乱を引き起こしかねないと懸念します。

これは聞いた話ですが、最近美容院などでは、アンケートに記入してもらうなどして、「積極的に話しかけてほしい」のか、「必要なことだけ話しかけてほしい」のか、「静かに過ごさせてほしい」のか、などを事前に確認するケースもあるそうです。要するに、人によって違う「心地よさ」という曖昧なものに対して何らかの線引きをしてもらうことで、できるだけお客さんを不快にさせるリスクを下げようということなのでしょう。確かにこうしておけば、本当は話しかけられるのが嫌いな人にサービスのつもりで必死に話題作りをして話しかけた結果、「不快だ」というクレームを受ける心配はなくなります。

けれども、保育施設で起こる出来事は想定外の連続ですから、このような確認を事前にとることは現実的ではないですし、突発的な事態に対していちいちそれを確認して希望通りの対応を取るなんてことは不可能でしょう。

悪意のない、むしろ責任感による行為までもが「不適切」とされてしまうような事態が続くようなら、保育士の権限や責任をもっと明確化させて、「それ以上のことを求めるのは不適切だよね」と言える権利を保育士側にも与えるべきではないかと個人的には思ったりします。

保育士の給与は自治体によって違いがある

保育士というと、「給与の低さ」が問題視されることが多いのですが、その待遇には自治体によってかなりの差があります。

私立の保育施設の場合は、国や自治体から支払われる補助金の中から保育士の給与が支払われるわけですが、すでにお話ししたように補助金というのは、在籍児童数から配置基準に応じて割り出される保育士の数に応じて支払われます。

つまり、入職したての新人保育士も、30年以上の経験を持つベテラン保育士も、「1人」であることに変わりはありません。

もちろんもらった補助金をどう配分するかは施設に任せられているので、施設ごとに昇給基準などもあるかと思いますが、限られた予算を分け合うことには変わりなく、国の補助金だけで賄っている施設の場合には全産業の平均給与を下回ることになるケースもゼロではないとは思います。

ただし自治体によっては、国の補助金以外の処遇改善手当のようなものや自治体独自補助金が独自に出されていて、例えば名古屋市の場合では、公務員並みの給与になっています。つまり、日本全国一律に保育士の給与が低いわけではないのです。そういう意味ではこれから保育士を目指す方は、どこの自治体で働くかは結構重要な観点かもしれません。

もちろん、人手が足りていないのは確かなので、その金額が仕事内容に見合っているかと言われたら必ずしもイエスだとは言い切れないかもしれません。けれども慢性的な人手不足であることも、仕事内容に対して給与が十分ではないという事情は、何も保育士だけに限ったことではないでしょう。

今後のさらなる処遇改善は望まれるところではありますが、「マスコミに報道されているほど、保育士の処遇が悪いわけではないのだから、ネガティブキャンペーンは辞めるべきだ」と主張している関係者も少なくありません。

誇りをもって仕事をしている保育士のみなさんがたくさんいる中で、保育士＝処遇が悪いというイメージが過剰に植え付けられていることは、決してありがたい話ではないよなあというのが、この業界に実際に身を置いている私自身の思いでもあります。

また、名古屋市で保育施設運営する立場としてお伝えしたいのですが、前述の通り名古屋市では公民格差是正として、民私立の保育園でも公務員に準拠した給与が支給されます。宿舎借上支援制度もあります。

保育士としてのキャリアアップを目指されている方、名古屋で一緒にお仕事しませんか。どうぞご検討ください。

第４章

「便利すぎる保育施設」が未来の日本をダメにする

保育施設があらゆるニーズに対応し、
どんどん便利になっていくことは、本当に望ましいことなのでしょうか？
この章では便利すぎる保育施設がもたらしかねない、
社会的な弊害についてお話しします。

「こども誰でも通園制度」を喜ぶ子どもはいない

「こども誰でも通園制度」という新たな制度が、２０２６年度から本格的に実施されることになりました。

これは保育認定の有無にかかわらず、0歳6ヶ月～2歳の未就園児未就学の子どもを一定時間までの利用可能枠の中で、保育所等に預けられるようにする制度です。なお、利用可能枠は今のところ月に上限10時間程度になると言われています。

家庭での保育が一時的に困難となった子どもを対象とした一時保育制度はこれまでもありましたが、「こども誰でも通園制度」は、「全てのこどもの育ちを応援し、こどもの良質な成育環境を整備するとともに、全ての子育て家庭に対して、多様な働き方やライフスタイルにかかわらない形での支援を強化する」ことが目的だとされています（こども家庭庁Ｗｅｂサイトで公開されている「こども誰でも通園制度の概要」より）。

親の就労などの「保育を必要とする事由」は問わないということが、この制度の新しさのように語られることが多いですが、自治体レベルでは、親のリフレッシュを目的とした「リフレッシュ預かり保育」のようなものは一部の施設で、すでに実施されています。そのような既存の制度の対象を全施設に拡大するのが、「こども誰でも通園制度」だということなのでしょう。

「こども誰でも通園制度」が、リフレッシュ預かり制度と似たような使われ方をするのであれば、それは決して、子どもが喜ぶ制度ではありません。

突然、知らない場所に連れて行かれて、どれだけ泣き叫んでも大好きな親から引き離され、見ず知らずの人に囲まれた時間を耐え忍ぶだけの時間が、小さな子どもにとってどれだけ苦痛であるかは、簡単に想像できるでしょう。人にもよるかもしれませんが、大人でさえ、そのような時間を苦痛に感じる人は決して少なくないはずです。

ひと月に10時間を上限にする、ということは、初めての環境や、初めて出会う保育士に慣れるにはあまりに短すぎて、おそらく子どもはずっと大泣きしているだけです。

親のほうは、たとえ短時間でも子育てから解放されるというだけで、それなりにリフレッシュできるのかもしれませんが、それは子どもの大きなストレスと引き換えに得られるものなのです。残念ながら子どもが「リフレッシュ」するわけではありません。

保育サービスに「子どものため」という視点はあるのか？

この点については、以前に、大きな社会問題として注目されていた「待機児童」でも同じ話です。

かつて、保育園に入園できずに待機している子どもがたくさんいる、という報道が繰り返されていましたが、子どもの気持ちとして、保育園への入園を待っているのではありません。保育園の入園を待っている、待機しているのは、子どもではなく保護者です。実態としては、「『児童』が保育園に入園することを

『保護者』が待機している」ということです。

そのため、「待機児童」ではなく、「待機保護者」と呼ぶべきだ、と主張されていた方もいらっしゃいました。その話をお伺いし、「なるほど」と納得してしまいました。

その視点から各種の保育制度を再確認してみると、保育という制度は、決して「子どものため」の制度ではなく、「保護者」の視点に立った、「保護者のための」制度ではないか、という気にもなります。

例えば、保育の標準的な時間は1日に11時間で、しかも、一般的には日祝日及び年末年始を除く毎日です。それが0歳児から5歳児までの未就学児に、日々必要な「幼児教育」なのでしょうか。

私は、保育制度を多くの方に知ってもらいたい、一緒に考えてもらいたい、との思いで、前著『ここが変だよ、保育園』を上梓しました。すると、拙著を手に取っていただいた幼稚園の園長先生から、「保育園が変なのではなく、保育時間がおかしいんだ。『ここが変だよ、保育時間』にするべきだ」とのご指摘をいただきました。

気持ちはよくわかります。

幼稚園のような教育機関ではなく、乳児院、養護施設と同様の、児童福祉施設である保育施設は、保護者の就労中、子どもを見守るために社会に貢献する施設なので、通勤時間を含め、現在の一般的な社会での労働環境を思うと、11時間でも短いと受け止められる家庭の状況もあろうかとは思います。

もちろん、11時間の時間枠をフルに利用される方はほとんどいらっしゃらず、ご家族、ご親類、友人知人の方などの協力を得ながら、ずっと短い、ご家庭にとって必要最小限の時間枠で保育施設を利用されている方がほとんどです。

しかし、制度上は、「標準」が11時間になっていることも事実です。それが、「子どものため」という視点に立った制度なのか、ということ疑問を感じます。

他の各種の保育制度を眺めてみると、病児・病後児保育、休日保育、夜間保育、24時間緊急一時保育、産休（育休）あけ入所予約など、子どもにとって嬉しい響きに受け止めることは難しそうです。

私は、これらの保育制度がすべて悪だと言っているのではありません。保護者がストレスをためることなく、また、仕事等の場面で自己実現を進めながら同時に子育ても両立させることは、非常に重要なことと思っています。

しかし、手放しで、保育制度が「すべて子どものため」という状況になっているわけではない、ということは、理解していただきたいと思っています。そのためにも、保育施設の利用は、親の自己都合で権利を主張するのではなく、親類、地域の知人・友人、職場の方々も含め、できる限り数多くの方の協力の下で子育てをすすめ、保育施設だけに依存することは避けるべきではないか、ということをお伝えしたいのです。

もちろんほとんどの保護者は、仕事等により、どうしてもお子さんの面倒が見られない、最短時間だけお子さんを保育施設に預けられています。そして、都合がつき次第、早急にお迎えに来られています。

ただ、ごく一部の保護者の方については、子育て放棄につながりかねないリスクが伴う場合があります。保護者の利便性に即した保育制度の充実を推し進めることは、税金等の公的資金をもとに、保護者の子育て放棄を助長し、親子の愛着形成の阻害につながるリスクがあることは否定できません。そのようなことは、あってはならないことですし、その点については、関係機関とも連携し、個別のケースを検討する必要があります。こういった事項についても、保護者や地域の方々にも、少し気を向けていただきたい、保育施設に丸投げということにならないよう、ご配慮いただきたいと思っています。

子どものストレスを抑え、親もリフレッシュできる方法とは？

「こども誰でも通園制度」が本格的に始まり、その利用が促進されれば、保育施設が担うことになる負担は間違いなく大幅に増大します。

もちろん、一時期のような待機児童問題は解消しつつあるので、保育施設内に空きが出ているケースは増えているのは確かですし、キャパシティ的には余裕も出てきただろうから、その分を一時的な子どもの受け入れにあてて欲しいという説明もわからないわけではありません。

ただ、保育施設を運営する立場からすると、個別の電話対応など、大量の事務負担を強いられること、そして受け入れる子どもが日々入れ替わることで思いがけないリスクが生じ得ることに対する不安は正直感じますし、自治体の職員さんからもそのような懸念の声が出ています。

だからと言って私は「こども誰でも通園制度」に断固反対だと言いたいわけではありません。

それは、「全てのこどもの育ちを応援し、こどもの良質な成育環境を整備するとともに、全ての子育て家庭に対して、多様な働き方やライフスタイルにかかわらない形での支援を強化する」という理念自体は、とても大事なことだからです。

そして、その理念を実現する場として、保育園ではなく、地域ごとの子育て支援拠点をうまく活用するのは一つの面白い方法ではないかと思っています。

もちろんそれは、すべての子育て支援拠点に「保育機能」を持たせるという意味ではなく、親がちょっと買い物に行きたい、ちょっと家事に集中したい、ちょっと美容院に行きたいという時に、普段から頻繁に訪れて他のお友だちと一緒に遊んでいる支援拠点において、そこを利用している他の子の保護者たちに見守られながら、子どもが数時間程度の時間を過ごせるようなシステムを構築するという意味です。

これは公助というより、共助・互助の取り組みだと言えますが、このような方法であれば、子どもは見ず知らずの人たちにいきなり預けられるという不安から多少なりとも解放されるはずです。

また、「こども誰でも通園制度」には、親の孤立感の解消という目的もあるとされていますが、子どもを一時的に保育施設に預けたからといって、それが果たせるとは思えません。むしろ、前述のような地域を巻き込む共助・互助の取り組みのほうがその目的が果たされる可能性はずっと高いのではないでしょうか。

また、「こども誰でも通園制度」は、子育て家庭に対する行政支援の不公平さを軽減する目的も含まれます。3歳以上児は、保育の必要性に応じて1号または2号の認定が得られます。どちらもその保育には税金が投与され、子育て支援に寄与しています。しかし、3歳未満児では、保育の必要な3号認定しかなく、保育の必要がない子どもについては、その子の保育に関して、税金を活用した子育て支援が提供されにくい状況にありました。それを改善するためにという目的も含めてできたのが、「こども誰でも通園制度」なのです。

日本の少子化は、一向に改善される様子が見られません。行政としても少子化対策として、できることはすべてやろうということと思います。

ただし、一つの政策を実施するだけで、少子化が大きく改善されることは困難です。限られた政策だけで少子化の改善を目指すのではなく、さまざまな視点から、数多くの子育て支援を行うことで、「子育てしやすい環境」につなげることは、少子化に歯止めをかける一つの要因として機能するのではないかと期待します。

保育料の一律無償化は保育の福祉的側面が無視されている

行政に守られている一方で、現状の保育施設の制度は、あらゆる保育サービスを請け負えるようにはつくられていません。

逆にいうと、それだけ社会的負担（税）を抑えるよう設計されている、とも言うことができます。

3歳以上の幼保保育料無償化が実現したのは、消費税が8%から10%になった財源を活用できたからですが、もしも今以上に便利すぎる保育施設を世の中が望むのだとすれば、保育士の賃金を下げたりボランティアの導入などをしない限り、今より多くの税金を投入する以外の方法はありません。

本当にそれを実現させたければ、さらに大きな社会的負担を受け入れる覚悟が必要になりますが、選挙投票時の増税施策は、支援が得られにくいのではないかと思われます。

ご存知のように幼保保育料無償化は少子化対策の一つとされるものですが、

今のところその効果が上がっているという話は一切耳に入ってきません。0～2歳児の保育料も無償化するというのは行政が切れる最後のカードだと言われていますが、それをもって出生率が上がると期待するのは、非常に難しいのではないでしょうか。

日本では、結婚が妊娠出産の前提となっています。結婚という婚姻関係にない男女間に生まれた子は、私生児、非摘出子などと言われますが、その非摘出子の割合が、海外と比べても日本は非常に低いのです。

つまり、結婚が進まなければ子どもが誕生するステージに向かいにくい、という文化が日本には定着しています。

その中で、「保育料が無償化されたので、結婚しようよ」ということには、なかなか話が進みにくいのではないか、と思います。そのようなプロポーズをしたら、相手はどのように受け止めるのでしょうか。

もちろん、少子化の要因は、複数の社会的、経済的な要素が絡み合っているので、保育料無償化も、少子化問題解消に向けた一つの要因としては多少機能するのかもしれませんが、それだけで少子化問題が解決されるわけではありません。

一律の無償化で子どもの「体験格差」がますます広がる

「保育料の無償化」という政策は子育て世帯に優しいというムードを醸し出すことはできますが、保育の持つ福祉的側面から考えると、適正な政策なのだろうか、という疑問が生じます。

元参院議員の峰崎直樹氏も2024年12月30日の新聞記事に税金に関して「減税ではなく、まっとうな賃金を」との記事を投稿されていました。一部を以下に引用します。

――国家は税や社会保険料を調達することで、誰もが安心して暮らせる基盤をつくっています。国による所得再分配が弱くなれば、ただでさえ生活が苦しい層が、さらにひどいことになりかねない。
また、再分配は、高所得者から低所得者への再分配だけではありません。現在の世代と、将来の世代との間での時間的な再分配もあります。現在の世代が負担するべきものを減らすことが、将来世代の負担を増やすことにつながってはいけません。

保育料は税金ではありませんが、所得の高い家庭が多くの負担をする応能負担であること、および、家庭が負担をした残り分は税金が充てられることを思うと、類似の性格を見ることができます。

直接税の累進課税制度は、課税金額が大きくなるほど高い税率が適用されます。所得や資産が多い人ほど税金が高くなるので富の再分配・格差の是正につながる、というメリットがあります。
富の再分配、富の格差是正は、ＳＤＧｓ17の目標の最初に掲げられ、最も重要な目標と位置付けられる「貧困をなくそう」につながる施策です。保育料（利用者負担額）が「応能負担」であるのは、その点と同様のメリットがあります。

0～2歳児の保育料が今でもそうであるように、元々保育料はすべて、支払える能力に応じて支払う「応能負担」でその金額が定められていました。それが一律無償になるということは、支払う能力が十分ある人もそれを払う必要がなくなるということです。これは、「できることにおいては、自分が支える側になる」という福祉の基本思想にも反するように思われます。

名古屋市の場合0～2歳児の保育料で、最も高額な家庭は、月に64000円の負担があります。一方で、非課税世帯等は、利用者負担額は無料です。

一律無償によってより大きな恩恵を受けるのは、どういった方でしょうか。本来であれば多くの保育料を支払う必要のあった所得の多い人たちです。月に64000円の節約になる、ということは、従前に比べ、同額の支給、つまり月に64000円の支給を受けていることと同義です。その資金は、富の格差を是正するどころか、むしろ格差を広げることになります。これで貧困格差是正へ機能するでしょうか。

2024（令和6）年8月の朝日新聞の天声人語でも取り上げられていた公益社団法人チャンス・フォー・チルドレン代表理事の今井悠介氏の著書『体験格差』（講談社現代新書）によると、子どもの成長に大きな影響を与える「体験」の機会の多さが、親の経済的な状況にも大きく影響されている実態がよくわかります。

小学生を持つ保護者を対象にした調査ではありますが、定期的に行う放課後の体験（「スポーツ・運動」「文化・芸術」）と単発で行う休日の体験（「自然体験」「社会体験」「文化的体験」）に分類できる33のさまざまな学校外の活動が、直近1年間で一つもない子どもたちの割合は、世帯年収が低いほど明らかに高く、世帯年収600万円以上の家庭と、300万円以下の家庭とでは、2・6倍もの格差があります。（164ページ図参照）そしてこの体験格差は、教育格差に直結し、さらに、大人になったときの経済格差を固定化することにもつ

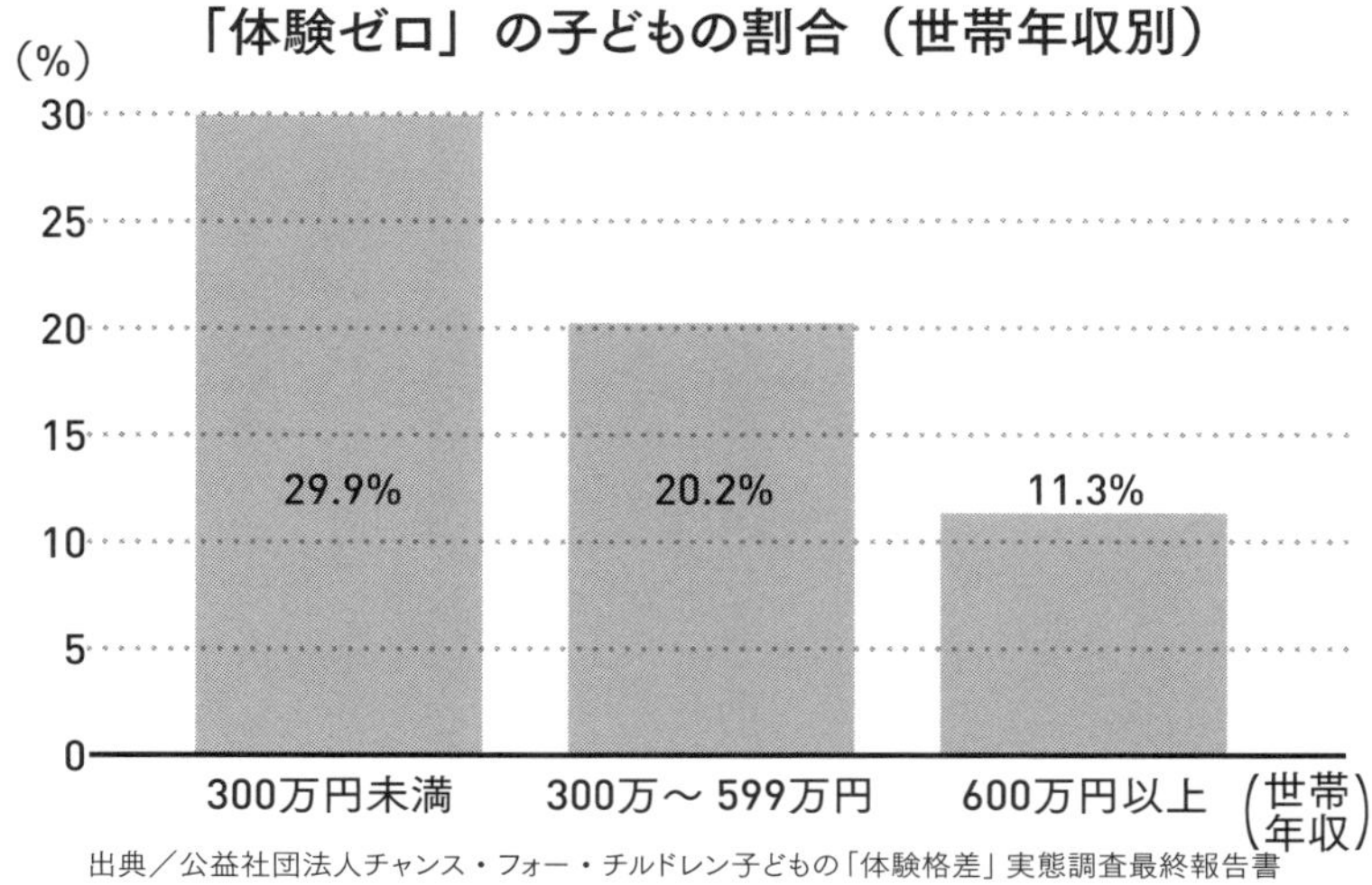

出典／公益社団法人チャンス・フォー・チルドレン子どもの「体験格差」実態調査最終報告書

ながります。

そのような中で、さまざまな体験機会がもともと豊かな家庭ほど、保育料無償化でより大きな恩恵を受けるため、その家庭の子どもたちの体験機会はより一層充実するでしょう。今後もし、0～2歳児の保育料無償化というカードまで切られたとすれば、さらに格差が固定化され、世界からはますますかけ離れていくことが強く懸念されます。

直接税の減税や、保育料の無償化と聞くと、誰でも嬉しいことと受け止めがちですが、その効果をよくよく検討すると、必ずしも喜ぶべき事項ではないように思います。

市民税減税のメリットも所得の高い人ほど大きい

保育の話から少しずれてしまうかもしれませんが、とある自治体の首長が実施を決めた市民税減税も、結局のところ、所得の高い人にお金を返すことでしかありません。平均すると減税額は1万円などと広報されているところも拝見しますが、その数字は減税額が大きい人が稼いでいるだけで、167ページの表を見ていただければすぐにわかるように、所得の低い人にとってはメリットはほとんどなく、市民税を免除されている人は当然ながら戻ってくるお金はゼロです。しかも、市民税非課税世帯が住民の半数近くを占めていたりします。

生活に余裕のある人は、減税で戻ってきた分を消費に回す可能性はあるので、経済の活性化という意味では多少の効果はあるのかもしれません。

しかし、「持てるものから徴収したお金を、持てないものに回す」というのは、税金というシステムの中で、富の再分配、格差是正という大事な機能の一つなのです。それが正しく発揮されれば、格差が広がりすぎることを食い止めることもできるでしょう。それができず貧困が固定化されると、治安の悪化につながります。

保育料や市民税の「応能負担」も、それに一役買う方法であるはずなのに、一律に廃止したり税率を下げたりすれば、「持てるものにお金が回り、持てないものには何も回ってこない」という結果になります。そうなれば、格差は広がる一方になります。

池田清彦さんの著書『平等バカ』（扶桑社）に、「しつこく上っ面の『平等』だけを追い求める『平等バカ』の先にあるのは、実は『不公平』であり、時としてそれはより深刻な格差にもつながる」と書かれていたのですが、まさにその通りだと思います。

しかも、減税によって税収が減ったために行政サービスの質が低下して、道

減税のモデルケース（イメージ）

現在実施前後の市民税の税額を比較すると…

【モデル家族①】
給与所得者、夫婦・子ども2人の世帯
・夫婦のうち一方は同一生計配偶者　・子どもは19歳、13歳

収入額	減税前	減税後	減税額
250万円	0円	0円	0円
270万円	3,000円	2,800円	200円
300万円	20,600円	19,300円	1,300円
500万円	119,800円	114,800円	5,000円
700万円	236,200円	227,100円	9,000円
1,000万円	425,800円	409,600円	16,200円

【モデル家族②】
給与所得者、夫婦の世帯
・夫婦のうち一方は同一生計配偶者

収入額	減税前	減税後	減税額
200万円	0円	0円	0円
220万円	3,000円	2,800円	200円
300万円	63,800円	61,100円	2,700円
500万円	165,000円	158,600円	6,400円
700万円	272,200円	261,800円	10,400円
1,000万円	461,800円	444,300円	17,500円

【モデル家族③】
年金所得者
・65歳以上の単身世帯

収入額	減税前	減税後	減税額
150万円	0円	0円	0円
157万円	3,000円	2,800円	200円
200万円	31,500円	30,200円	1,300円
250万円	67,900円	65,200円	2,700円
300万円	104,300円	100,200円	4,100円
350万円	137,100円	131,800円	5,300円

注1）上記イメージは一定の条件のもとでの試算であり、実際の税額とは異なることがあります。　注2）国の経済対策として令和6年度に限り適用される市民税・県民税の定期減税による減税前の税額です。

出典／名古屋市のウェブサイトを元に作成

や公園の緑の伐採が遅れて葉や枝が伸び放題になったり、管理が行き届かず遊べない公園も続出するなどの問題が勃発し、行政はその対応に追われるような状況にもなりかねません。

大金が戻ってくるお金持ちにとっては喜ばしい施策なのかもしれませんが、市民全体の幸せはむしろ奪われているのではないかと、私は疑問を持たずにはいられません。

前掲した『世界がもし100人の村だったら』の本の中に、次のような記述がありました。「お金のやり取りにはルールがあります。手に入れたお金から税金を払うのも大切なルールです（中略）ルールはお金持ちに都合よく変えられていきます」、「たとえば日本の大金持ちは40年前の収入の75％の税金を払っていました。今は45％です」、「会社がおさめる税金の率も世界中でどんどん下がっていきます」。

三田紀房著『ドラゴン桜』の中でも同様の記述があります。

「社会のルールってのは、すべて頭のいいやつが作っている。それはどういうことか……そのルールは、頭のいいやつに作られているんだ」

情報弱者がすべてを持つものの響きの良い言葉で判断を誤り、強者にとって、より都合の良い社会弱者にとって、より生きづらい社会になることをとても危惧します。

保育無償化は保育の質の低下につながりかねない

保育料の無償化には別の波及効果もあります。無償、ということは、利用しやすくなる、ということです。無償化される前の保育料がいくらであったかにかかわらず、「無償＝お得」だという印象を少なからず与えます。それが保育の需要を掘り起こす、という効果も生み出します。

経産省や一般市場としては、家庭の中に入っていた保護者を労働市場へ誘因する効果が生まれることを、歓迎すべきことと捉えるかもしれません。

しかし、一般労働市場と同様に、保育士の確保はただでさえ困難な時代です。

その中で、保育利用の心理的負担を軽減し、保育利用を促進するような施策はどうなのでしょうか。保育士不足、ひいては、保育の質の低下につながるリスクも高めるのではないでしょうか。それは、本当に私たちが目指すべき姿なのでしょうか。

便利すぎる保育施設の存在が子育てに不寛容な社会をつくる⁉

韓国では、2013年に0～5歳児の一律保育料無償化を導入し、家庭で子育てする家庭にも手当を支給するなど、さまざまな少子化対策が講じられています。それでも、世界的にも異例のスピードで進む少子化を止めることができず、2023年の出生率は0・72（暫定値）まで下がりました。日本全体の特殊合計出生率が1・2に、東京都の出生率が0・99になったことが大きなニュースになりましたが、それより遥かに深刻な数字だと言ってよいでしょう。

子どもがいる家庭が今や3割を切ろうといった状況になってしまった韓国では、子育てに対する社会的な共感がすっかり薄れているそうです。「ノーキッズゾーン」を掲げる店が増えるなど、子どもに対する不寛容さが目立つ社会になっていると報じる新聞記事も目にしました。また、子どものひきこもりも大きな社会問題になっていたり、元々、高齢者を敬う儒教の影響が強い社会であるのに、高齢者が多すぎて、公共交通機関で席を譲る若者は誰もいない様子を紹介した新聞記事もありました。

もちろんこの先、日本でも少子化が進んでいけば、同じ状況になっていく危険性はあります。もし仮に多少出生率が回復したとしても、保育施設があまりに便利になりすぎて、その依存度が高まりすぎることでも、似たような状況が生み出されかねないのではないかという懸念を私はもっています。

例えば、今は病児保育は限られた施設でしか行われていないので、子どもが急に熱を出したりした時には、会社を早退したり、休みを取ることを認めてくれるムードはそれなりにあると思います。

けれども、今後、すべての保育施設が「病気の子どもでも別室を用意して預かります」みたいなことになったとしたら、子どもが熱を出そうとなんであろうと、普段通り働けという話になったりしないでしょうか？

「子どもを言い訳にするな」というのは、子育てに対する不寛容さを物語る言葉だと私は思っているのですが、保育施設があらゆるニーズを叶えてくれるようになれば、言い訳さえできなくなります。

また、「こども誰でも通園制度」を利用するのが当たり前になれば、例えばスーパーなどで子どもが少し騒いだだけで、「保育施設に預けてから買い物に来い」などと言い出す人が出てくるような気もします。

今でさえ、世の中が子育てに優しいとは言い切れない中、保育施設が今よりもっと「便利」になり、その依存度が高まるほど、社会の子育てに対する不寛容さが助長されかねない危険性に、果たしてどれだけの人が関心を持っているのでしょうか。

現状の保育のほとんどは自助と公助だけが担っている

保育施設での保育は、公的機関（行政）による助け、すなわち公助にあたります。

それぞれ個人的な思いは別として、私たち国民は全体として「小さな政府」「官から民へ」という流れを選択しました。それに従い、自治体の公務員を削減する意図も含め、公立保育園が民間法人への移管が進んでいます。そういう意味で言えば保育施設の機能はむしろ簡素化するほうが（その是非はともかくとして）その選択には近づくとも言えます。

もちろん子育ての責任の主体は保護者であり、公助がすべてをとって代わることはできません。けれども、自助、つまりそれぞれの家庭の「自己責任」だけで子育てすることは不可能ですし、そうしたほうが良いという話でもありません。

公助に頼りすぎず、自助に丸投げしないということになると、重要になってくるのは「共助」です。

共助とは読んで字のごとく、身近な人たちと共に助け合うということで、保育に関していえば、身近な他人と共に子育てを行うということです。

本来であれば、公助・自助、そして共助がバランスよく機能すべきだと思うのですが、現在の日本の保育の状況は、そのほとんどを自助と公助だけが担っています。

そして保育に関するさまざまな問題のほとんどは、実質的には2つしか選べないことで引き起こされています。

つまり共助が十分に機能しないせいで、自助と公助への依存度が高まり、子育て世帯の孤立や保育施設の疲弊といった問題が起きているのです。

共助の機能を取り戻せば子育てに優しい社会が実現する

2018年の1月、愛知県豊田市で三つ子の母親が泣き止まない次男を畳にたたきつけ、脳損傷で死亡させるという悲しい事件が起こりました。新聞報道によると事件当時、母親は産後うつの状態にあったようですが、傷害致死罪に問われることになり、懲役3年6月の実刑判決が下っています。

裁判では、過酷な育児の状況や、行政のサポートも十分得られずに孤独を深めていった母親の姿が浮き彫りになりました。

この事件がきっかけで、以前からあった孤立した子育て、いわゆる「孤育て」の問題がこれまでより真剣に議論されるようになっています。そして、そこから脱却するための支援や、母親や父親同士がつながるためのイベントの開催といった取り組みを始めている自治体もあります。

一般的な解釈では、「自立する」とは、自助ですべてをまかなえることと理解されることが多いかと思います。しかし、近年では、「頼れる先やネットワークを活用しながら、自分らしい生活を営むこと」との理解も深まりつつあり、特に社会福祉の分野では、「困ったときに頼れる選択肢がたくさんあり、限定された選択肢に大きく依存していない状態」と理解されています。

例えば、足が不自由で車いすを利用されている方は、階を移動する際に、「自立できていない」という見方もできます。これは、障害のある方はエレベーターしか選択しかなく、エレベーターに強く依存しているためです。健常者と呼ばれる人は、エレベーターだけでなく、エスカレーター、階段、スロープ、梯子、場合によっては、綱で階を移動するという選択肢まであります。つまり、健常者が自立しているのは、足が自由に動くからではなく、移動の選択肢がさまざまにあるからという表現もできます。これは障害者福祉等での自立支援の根幹となる、「障害は本人の皮膚の中ではなく、皮膚の外、つまり、本人を取り巻く環境にある」という考え方にも通じます。

子育てに視点を戻すと、例えば昔であれば、親戚が近くに住んでいたり、親しく付き合うご近所さんがいて、何かあったときには子どもを預かってもらうといったことはよく行われていました。保育園のような施設以外にも頼れる場所はそれなりにあったのです。今では信じられないような話ですが、保育園に入園する主となる年齢、最も多くの園児が入園する年齢が4歳児という時代もあったほどです。

けれども、就職や結婚を機に親とは離れた場所に住むようになる人が多くなり、特に都市部では同じ地域に住んでいてもほとんど交流しないというケースも増えてきて、他人の子育てに関心を向けるようなこともあまりなくなってしまいました。子育てというものが極めて個人的な問題になり、すっかり他人事になってしまったのです。

その結果、自助で賄いきれない分は、すべて保育施設にアウトソーシングするしかなく、幼稚園にも保育園機能を担ってもらう必要まで出てきてしまいました。

真の意味で子育てに優しい社会というのは、保育料が無償になることでも、保育施設のサービスが充実していくことでもなく、失われてしまった地域の子育て力を取り戻し、共助の機能が十分に発揮されてこそ実現します。そうなって初めて、みんなが子どもを育てやすくなる社会となる準備も整うのではないでしょうか。

そして、子育てに関する情報発信の起点になるなどして、地域の子育て力を上げるための取り組みをすること、コミュニティデザインの子育てに関する部分を設計することが、我々保育施設が本来果たすべき社会的使命ではないかと私は思っています。

保育施設が担うべき「保育のセーフティネット」という役割

地域密着の福祉施設である保育施設は、保育業界内のことばかりを見るのではなく、地域全体に視野を広げていかねばならないと私は考えています。

出産までは、自治体や産婦人科などにおいて、妊婦とそのパートナーのための両親学級などの形でさまざまな不安や疑問を解消する機会が設けられていますが、いざ子育てが始まると社会から隔絶された状態になってしまい、さまざまなトラブルや悩みを抱えたままになっている人も多くいらっしゃいます。例えば、授乳や沐浴の方法は両親学級で教わることができても、夜泣きやイヤイヤ期、ましてやその後の思春期にどう対策すればよいかなどを教わる機会はほとんどありません。そもそも、自ら出産するまで、「赤ちゃん」という存在と接する機会のない新米パパママが、非常に多いのです。他者から学ぶ機会もない、自ら体験、経験する機会もなく、いきなり本番を迎えてしまうのが、現在の子育ての実態なのです。

　私は青少年養育支援センター陽氣会のCPA講師として、乳児期や幼児期、青年期におけるコミュニケーションスキルをお伝えする「イライラしない子育て講座」を開催していますが、その

お子さんとのコミュニケーションがテーマの「イライラしない子育て講座」

ような講座に積極的に参加できる方であれば、世の中のさまざまな支援を受ける機会にも恵まれるのだと思います。機会がありましたら、「イライラしない子育て講座」で検索し、動画等を閲覧いただくか、一般社団法人青少年養育支援センター陽氣会の杉江健二代表理事の著書「イライラしない子育て」などをご覧ください。

日本という国は、さまざまなセーフティネットが整えられているのですが、問題はそれらの支援が、手を挙げた人にしか提供されないことです。そのため、せっかくの支援がそれを必要としている人に届かない、といったことが各所で起こっています。

例えば、多胎児を育てるのはとても複雑な大変さがあるので、自治体からはさまざまな支援を受けられます。ただし、多胎児が生まれたからといって自動的に支援が受けられるわけではなく、そこには必ず利用申請が必要です。一般社団法人日本多胎支援協会のような団体もありますが、そのような支援制度の仕組みや団体の存在を知らなければ、受けられるはずの支援を受けることができないのです。このようなセーフティネットに誰もが簡単にアクセスできれば、先に紹介した悲しい事件も防ぐことができたのではないかと悔やまれます。

今は、インターネットを通して、さまざまな情報がすぐに手に入る時代ではありますが、しかしだからこそ、玉石混淆の情報の嵐の中で、適切な内容にたどり着くためには、高い検索リテラシーが求められてしまう面もあります。

保育施設がこのような保育・育児に関する適切な情報を積極的に発信し、困ったときの最初の窓口になり、各家庭の状況に適合した情報へつなげる仕組みを整えて、必要な支援につなげていく、保育コンシェルジュのような機能だからこそできることの一つではないでしょうか。

ただし、保育施設が在園児の保育だけで手一杯になってしまうという現状を変えなければ、そんな余裕など持てるはずはありません。保育のセーフティネットとしての役割を保育施設が果たせる未来のためには、「一緒に子育てする」という保護者の方々の協力が絶対に欠かせないのです。

第５章

理想は「保育施設」が不要になる未来

この章では、私が理想だと思う
未来の保育のあり方について、お話しさせていただきます。
また、私の理想に近い取り組みで実際に出生率を上げることにも成功した
岡山県奈義町の取り組みについても紹介します。

お巡りさんが暇であるほどそこに住む人は幸せである

故・渥美清さんが、はた迷惑だけれども憎めない「フーテンの寅」を演じた映画「男はつらいよ」の46作「男はつらいよ 寅次郎の縁談」の中にすばらしいエピソードがありました。

ある小さな島に降り立った寅さんは、そこで出会った呑気そうなお巡りさんとこんなやりとりをします。

「お巡りさんよ、この島に泥棒はいるか？」

「いやー、この島にはそんなものはいねえよ」

それを聞いた寅さんは、「そりゃあ、よかった」と言って、その場に持っていたカバンを置いてそのまま遊びに行ってしまうのです。

もちろんこれは見ている人を笑わせるシーンなのですが、私は「なんて素晴らしい島なのだろう」と涙が出るほど感動しました。

悪人がたくさんいてもすぐに捕まえてくれる優秀なお巡りさんがたくさんい

て「安心をつくっている社会」より、最初から悪人なんていないからお巡りさんにたいした仕事がない「もともと安心な社会」のほうが、社会としては明らかに幸せです。

想像してみてください。

警察署が充実していて、犯罪が起きたらすぐに逮捕してくれる街と、そもそも犯罪なんて起きない街と、あなたならどちらに住みたいですか?

消防署が充実していて、火事が起きたらすぐに消火してくれる街と、火事なんて起きない街だったら、どちらに住んでいる人のほうが幸せでしょうか?

答えは明確です。

つまり、警察署や消防署などを充実させていくことより本質的に大事なのは、それらが不要になる未来がどうすれば実現するのかを真剣に考えることなのです。

見落とされがちな保育施設の持続可能性

待機児童の問題が深刻化し、その対策として幼稚園も巻き込んだ認定こども園も含め、たくさんの保育施設が作られました。もちろん差し当たっての対策としては、それも必要だっただろうとは思います。

ただ、保育施設の需要が増えたのは共働き家庭が増えたからというのも確かに間違ってはいないのですが、見過ごしてはいけないのは、その裏にある、「保育施設がなければ保育に欠けてしまう社会」がすっかり出来上がっているという現実です。

そのように言われても、あまりピンとこないかもしれません。

そもそも長い人生の中で子育てというのは基本的には期間限定なので、一般の人たちは保育に関する問題をあまり長期的に見ようとはしません。子育て中は目の前のことにみなが必死ですし、とにかく今をどう乗り越えるかということばかりを考えてしまうのも仕方のないことだと思います。

喉元過ぎればなんとやらと言われるように、当事者であるうちは大問題でも、その時期を過ぎてしまうと意識が向かなくなるのが保育問題の特徴です。そのため保育施設の持続可能性を、十分に考えたことはないという人がほとんどではないかと思います。

けれども、例えば生活保護制度が充実していて、困ったらいくらでもお金を支給してくれる街と、それに頼らずともみんなが自立して生活していける街があるとして、どちらのほうが30年後もみなが豊かに暮らしていけると思いますか？

生活保護はセーフティネットとして欠かすことができないことは言うまでもありませんが、あまりにもそれが充実しすぎると、多くの人がそこに依存するようになり、いずれ街はそれを支えきれなくなるでしょう。けれどもそれがなければ暮らしていけない人ばかりなのですから、それをみんなで支えるには、それ以外の人たちの公的負担（税）をどんどん増やしていくしかありません。果たしてそれは良い街だと言えるのでしょうか？

そもそもそんな街が持続可能なのでしょうか？

保育サービスの充実は保育施設ありきの社会をつくる

保育の問題もそれと同じです。

『「便利な」保育園が奪う本当はもっと大切なもの』（長田安司著／幻冬舎ルネッサンス）という本でも、「保育園が家庭の役割を代替えすればするほど、家庭は本来持たなければならない力を失っていく」と警鐘が鳴らされていたように、保育施設が充実し、保育に欠けたらすぐに入園できて、さらにはどんなニーズにも応えてくれるというありがたい環境が出来上がると、誰もがそこに依存します。逆に言えば、保育施設がなければ子育てはできないという地域になってしまうのです。保育料の無償化という施策は、保育施設のニーズを無理に掘り起こした感もあります。

保育サービスをどんどん充実させ、ニーズを掘り起こしていくことは、保育施設の経営的には正しいことかもしれません。けれどもそうやって保育施設が頑張りすぎることは、生活保護の給付額をどんどん増やしてあげることに等しいのではないかと私は思ったりします。

そのような公助のやり方が、果たして適切だと言えるのでしょうか。

もちろん、共働きをやめろとか、それぞれが家庭で子育てを頑張りなさいという話ではありません。それは、生活保護を必要としている人に対し、「自力でなんとかしろ」と突き放すの同じです。

そのためには、公助、つまり保育施設に過剰に頼らなくても保育に欠けることのないような共助の仕組みを、社会としてつくっていくことではないでしょうか。

生活保護の話にしても、雇用を生み出すなどして生活保護に頼らなくても最低限の暮らしができる社会をつくっていくことのほうが大事なのです。

もちろん今すぐ実現できるほど簡単なことではないのは理解しています。けれども30年後もみなが幸せでいられる世の中のためには、このことについてもっと真剣に議論すべきだと私は思います。

コミュニティデザインに住民参加は欠かせない

私が夢見ているのは、そこに住む人たちがみんなで互いに助け合うことができる地域コミュニティです。

そんな社会が出来上がれば、保育園や認定こども園などの「施設」にこだわらずとも、地域全体が保育の主体者になり得るでしょう。

コミュニティデザイナーの山崎亮氏は、地域の課題解決を進めるとき、何か「モノ」をつくるだけでは状況は改善しないケースのほうが圧倒的に多いといいます。コミュニティデザインでいちばん重要なのはなんと言っても住民参加で、自分たちでこんなことができるんじゃないかという提案をしてもらいながら、それぞれの役割をどのように接続させるか、どのように関係づけるかという地域（コミュニティ）の設計（デザイン）を進めることが大切であると講演会などで語っていらっしゃいます。

今の保育は、子育て世帯だけのものになってしまっていますが、子育てとは無縁に見えるシニア世代やＤＩＮＫＳ世帯の人たちの中にも子育てに対する理解が深まり、子育てに対する「他人事感」が薄まっていけば、「できることは協力したい」と手を挙げてくれる人たちも地域の子育て力を構成する重要な役割を果たします。ひいては、シニア世代の孤独問題など、子育てに無縁に思われる社会問題の解決の糸口につながることもあり得るのではないかと思います。もちろん子育て中の当事者も、自分の子どもだけを見るのではなく、ほかの子どもにも目を向けることが当たり前になることもあるでしょう。それが、子育てを各家庭にカプセル化し、「孤育て」の状態になったことから生じる社会問題の解決につながることも出てくるのではないかと思います。

そして、そういうコミュニティの実現には、リーダーシップを取れる人なり、組織が必要ですし、誰もが子どもと触れ合うような機会や、子育てについて学ぶ機会を提供することも必要でしょう。その役割を果たせるのがまさに保育施設ではないでしょうか。

つまりこれからの保育施設に求められるのは、子育て世帯と非子育て世帯、ひいては地域全体、社会全体をつなぐ、ハブ的な役割なのだと私は考えています。

奇跡の町が実現した本当の理由とは？

岡山県奈義町は高齢化率が3割を超える人口約5300人の小さな町ですが、町政の1丁目1番地として「子育てがしやすい町にする」ことを掲げ、出産前から高校卒業までの切れ目ない子育て支援策や移住支援策、地方創生への取り組みなどによって、2・95（2019年・岡山県調査）という、全国平均の2倍以上の合計特殊出生率を達成しました。

出産祝い金、不妊治療助成、保育料多子軽減など、金銭的な支援も確かにかなり手厚いのですが、真の成功の鍵は、地域のニーズを住民参加型の施策に反映し、住民意識を高めながら少しずつ支援策を拡充する取り組みに行き着いたことにあると、日本経済新聞の記事（2022年10月20日）が報じています。

その記事の一部を抜粋してここに紹介しておきましょう。


同町の対策は高校生の就学支援（年13・5万円）、多子の保育料軽減など20項目以上が並ぶ。在宅の育児支援（月1・5万円）まで幅広い層をカバーする。情報企画課の森安栄次参事は「住民要望を踏まえ10年、20年かけて経済的、精神的な支援を少しずつ増やした結果」と強調する。

3つの機能を持つ地域ぐるみの子育て拠点「なぎチャイルドホーム」が象徴的だ。つどいの広場では子育てアドバイザーを配置し、乳幼児とその親が集って相談や意見交換をする。「気軽に遊びに行ける場所がほしい」という声に応えた。一時預かりの子育てサポート、保護者当番制の自主保育は、いずれも地域の住民が助け合う。

運営は子育て中の母親や一段落したスタッフら住民参加型にして高齢者

も関わる。施設がサービスを一方的に提供するのではなく保護者が望むサポートをする。一時的な給付金などにとどまらず支えることで、住民同士のつながりなど安心感を得られる利点も大きい。

同町がこうした取り組みに本腰を入れるのは、合併の是非を問う住民投票で埋没への危惧などから単独町制を決めた02年からだ。人口減への危機感が強まり議員定数削減など改革を断行して1億円以上の予算を捻出。高齢者向け中心から若者・子育て世代向け施策を段階的に拡充し、全施策を人口維持に振り向ける姿勢を明確にした。

子育て支援と並ぶ施策の柱である若者の定住や就労対策では、住宅整備や工業団地への企業誘致を進めた。「ちょっとだけ働きたい」「ちょっとだけ手助けがほしい」と（中略）住民と事業者のニーズを結ぶ「しごとコンビニ」事業は全国に先駆けて17年にスタートした。

各種施策について「どこの自治体でも取り組める」と森安参事。一方で「子育て支援が元気な町につながると理解し、住民全体が応援するマインドをつくるには時間がかかる」と指摘する。奈義町は子育て懇談会などの聞き取りから、住民も担い手として巻き込む仕組み作りを重視する。

移住者が増える同町では21年度に転入者数が転出者数を上回る「転入超過」となったが、高齢者の死亡など自然減は続き、人口減は止まっていない。出生率を大きく回復させた奈義モデル。住民参加を促し、意識改革と施策拡充を着実に進める取り組みは全国のトップランナーとなった今もなお途上だ。

また、日経BP総合研究所が運営するウェブサイト「新・公民連携最前線」の中の、「人口は減っても元気なまちづくり」というコラムでは、「どんなに役場がお金を出しても、一時的なお金だけで人を育てることはできない。それより重要なのは、いわゆる子育て支援をしてくれたり相談に乗ってくれたりする先輩ママや、なぎチャイルドホームで交流するママ友との交流ではないか」という、町唯一の保健師であるこども・長寿課の立石奈緒子副参事のコメント

を紹介しています。

それもあって同町では、2016年から県の助成を受けて、母親同士が当番制で保育をし合う自主保育「たけの子」も運営しているとのことで、まさにこのような仕組みがあれば、「自分の子どもだけでなく、ほかの子供にも目を向けることが当たり前」になっていくのではないかと私は思います。

また、施設の老朽化に伴い幼稚園と保育園計3園を統合した、「なぎっ子こども園」も2024年の4月に開園しました。園舎には、地域の人々すべてに開かれた使いやすいユニバーサルデザインが取り入れられ、家族や地域住民と季節ごとの行事を楽しんだり、世代間交流が図れるように工夫されているとのことです。また、子育て支援施設（なぎチャイルドホーム）と隣接し、接続して交流や情報交換を行うことで、地域の子育て支援センターとしての役割を果たすことも期待されています。

さらに管理や作業に必要なICT環境も整備されるなど、保育士など職員にとっても働きやすい施設になっていて、まさにこれは夢の保育施設だと言えるのではないでしょうか。

今や「奇跡の街」と呼ばれるようにもなった奈義町の成功事例は、「住民参加」、つまり共助の素晴らしさ、そして大切さを物語っていると言って良いでしょう。

緊急時に頼れるのは公助より共助という事実

災害対策でも、自分自身や家族で備える「自助（一人一人の役割）」、地域で助け合う「共助（地域の役割）」、行政が行う「公助（行政の役割）」の3つがあります。

6，400人以上の死者・行方不明者を出した平成7年1月の阪神・淡路大震災では、地震によって倒壊した建物から救出され生き延びることができた人の約8割は、家族や近所の住民等によって救出されていたのだそうです。これは驚くべき数字ではないでしょうか。

それとは別に自力で脱出したり、家族、友人、隣人等によって救出された割

阪神・淡路大震災における救助の主体と救出者数

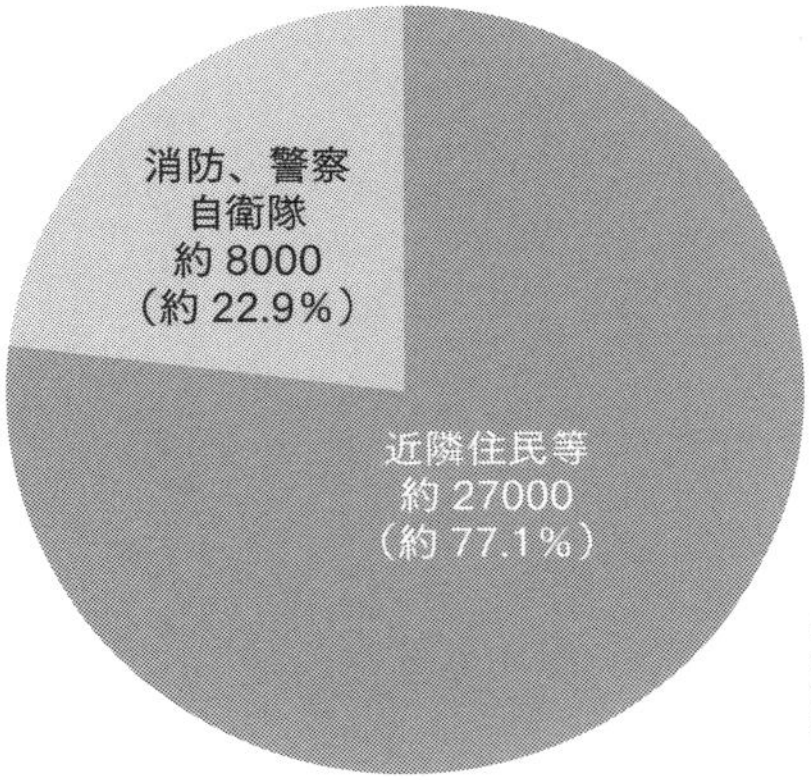

推計：河田恵昭（1997）「大規模地震災害による人的被害の予測」自然科学16巻第1号より転載。ただし割合は内閣府追記

阪神・淡路大震災における生き埋めや閉じ込められた際の救助主体など

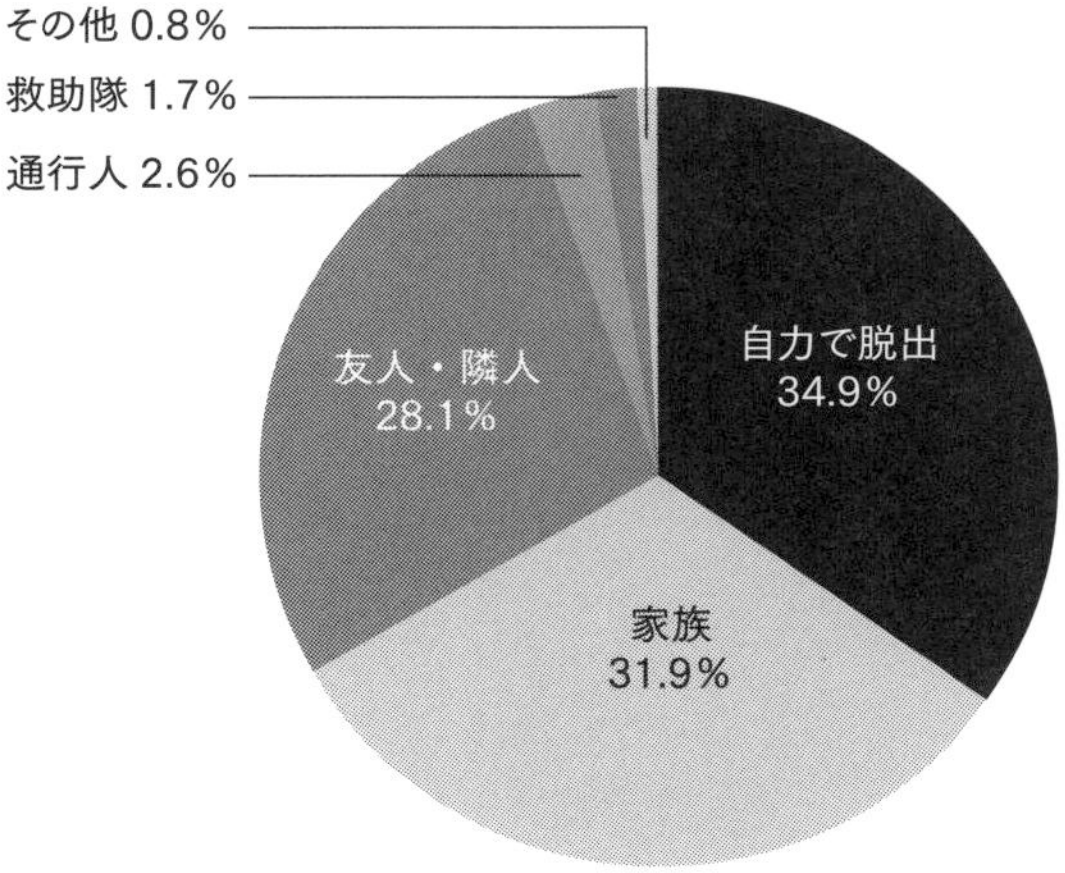

標本調査：（社）日本火災学会（1996）「1995年兵庫県南部地震における火災に関する調査報告書」より転載

合が約9割を超えており、救助隊によって救助されたのは1・7%であるという調査結果もあるのですが（198ページ図参照）、いずれにしても、いざとなったら頼れるのは公助よりむしろ共助であることがよくわかります。

このような共助の仕組みが適切に、そして効果的に機能するかどうかは、普段からどれだけの交流が持てているかに大きく関わっています。

阪神淡路大震災は明け方に起こったので、倒壊してしまった家の住人がいつもどの部屋で寝ているかを知っているほうが、救助までの時間は短くて済んだことでしょう。家の中での寝ている正確な場所といった、非常に個人的な情報を隣近所の方が把握できるというのは、よほど普段からの交流がなければ実現困難なことですが、実際ある地域では、「この家におじいちゃんは、いつも東側の部屋で寝てるからまずはあっちを探そう」みたいな会話が実際に交わされていたそうです。

保育にしても、近所に住む人にみんなが無関心でいると、孤独感に苛まれながらたった一人で双子の育児をしているような人がすぐ近くにいたとしてもその存在に気づくことができず、当然助けることもできません。介護にも同じことが言えるでしょう。

「何か困ったことがあったらいつでも声をかけてね」「できることは協力するからね」とお互いに声をかけてあげられるくらいの交流さえあれば、救われる人はたくさんいると思いますし、場合によっては自分自身もそんな地域の人たちに救われることだってあるはずです。

善意の共助に責任を問うのは正しいのか

共助によってトラブルが生じてしまうことへの恐怖心は、共助の仕組構築への困難性に対する理由の一つになっているのかもしれません。

保育においても、例えば、他人の子を預かっているときに怪我をさせてしまうようなことが起こった場合に、責任を負わされるのが怖いという心理です。

けれども、何かあったときに責任を取りたくないからといって、困った人がいてもみんなが見て見ぬふりをする社会のほうが、私は、よほど「怖い」のではないかと思います。

例えば、善意で実施した心配蘇生などの救命手当に法的責任はないことは法律で定められていて、悪意または重過失がない限り、その結果に対して被災者などから法的責任を問われないことは民法でも保障されています。実際これまで、救命手当を行うことによって法的責任を問われた事例は一切ありません。ドイツなどでは、それが可能であるにもかかわらず、救助を行わなかった場合は処罰されることもあるそうです。

もちろん、保育にこれを当てはめることはできませんが、最大限に注意したにもかかわらず、起きてしまったことに関しては責任を負わせないみたいな暗黙の同意が持ちあえるようになれば、お互いがもっと生きやすくなるのになあと私は思います。

企業が変われば過剰な保育サービスは不要になる

保育施設を不要にするまではいかないにしても、保育施設に頼りきりの社会を変えるためには、企業側の協力も欠かせません。

例えば、保育施設の延長保育が必要なのは、子育て中でも残業をせざるを得ない親がたくさんいるからですが、かつての保育園は、17時前には保育が終了するのが当たり前でした。「共働きが少なかったからではないか」という見方をされるかもしれませんが、「共働き」でなければ保育施設は利用できないという制度自体は変わっていません。つまり変化したのは、働き方のほうなのです。だとすれば、企業側の協力さえあれば、延長保育をなくすことは不可能ではありません。病児保育のサービスだって、子どもが病気になってしまったときには、ストレスなく休みを取れる仕組みを企業がちゃんと整えてくれさえすれば、必要ではなくなるはずです。

おもちゃメーカーなど子どもとの関連性のある企業では、子連れ出勤が認められているところもありますし、『やっぱり・しごとば』（ブロンズ新社）という絵本では、プログラマーのオフィスの真ん中のスペースで社員の子どもたちが遊んでいる姿が描かれています。この絵は、幼児教育について「世界中の子ども達の『いきる力』を育てたい」というビジョンを掲げるスマートエデュケーション社のリアルな社内風景なのだそうで、この会社Ｗｅｂサイト（https://smarteducation.jp）の「採用情報」にも、社内風景が描かれた絵が掲載されています。

このような風景がどこの会社でも見られるようになれば、保育施設は不要に、もしくは現在のような必要度は低くなるのかもしれません。

また、ワークライフバランス社の小室淑恵社長は、働き方改革こそが少子化対策であり、それを達成できた会社内での社員の出生率はすでに減少から増加に転じている、という旨を、講演で説明されています。

「育てたように子は育つ」の主語は親だけではない

受刑者同士の対話をベースに犯罪の原因を探り、更生を促す「TC（Therapeutic Community=回復共同体）」というプログラムを日本で唯一導入している「島根あさひ社会復帰促進センター」という刑務所にカメラを入れたドキュメンタリー映画「プリズン・サークル」の中で、ある少年が語った言葉に私は衝撃を受けました。

その少年は殺人を犯しているのですが、「僕は優しい人間です」という話をするのです。優しい人間であるという自負があるのに、人を殺してしまう。その理由がどこにあるかというと、その少年が重ねてきた経験です。

実はその少年は、親から触られるのは殴られる時だけだったそうです。だから、殴るという行為に対する罪悪感が欠如してしまったのではないか。私にはそのように感じられました。

「育てたように子は育つ」というのは、詩人である相田みつをの言葉ですが、その少年は残念ながらそれが悪いほうに作用してしまったのかもしれません。

ただ、「育てたように」の主語となるのは、親だけではなく、地域や社会も含まれるのではないかと思います。あの少年も、もしも身近に、虐待する親から救ってくれる誰かがいれば、犯罪を犯すような成長はしなかったでしょう。

共助で健やかに育まれた子どもは、当たり前のように共助の担い手になってくれるに違いありません。つまり、未来の保育のあり方を左右するのは、今の目の前にいる子どもたちを地域や社会がどう育てていくか、ということなのではないでしょうか。

「こどもまんなか」は本当に正しいのか?

保育の世界では、「子ども中心社会」という言葉がずっと掲げられていて、こども家庭庁の枕詞も「こどもまんなか」なのですが、正直私はその言葉に疑問を感じます（206ページ図参照）。

こども家庭庁 HP

一見、良い響きの言葉に思えるかもしれませんが、子どもだけを特別視して真ん中に置くというのは、子どもを大人や社会と区別して、社会の枠組とは別のものとしているようにも見えますし、人が成長するということは、社会の真ん中から外れていく過程なのか、とも感じられ、

私にはこの表現があまりしっくりこないのです。

大人も子どもも同じ輪の中にいて、みんなが幸せになる社会、みなが真ん中になる社会こそが、子どもにとっても幸せな社会であるはずです。

もちろん、大人は全力で子どもを守る必要がありますが、だからといって「まんなか」にいるのは、子どもだけでなく、私たち一人一人もみな、「まんなか」でいるべきです。その中で、お互いがお互いを思いやる気持ちを育む必要があります。ひいては、「まんなか」にいる一人が、自分の思いだけで動くのではなく、「まんなか」にいる全員に大切な事項かどうかを判断できる力が必要となります。

経済学者である成田悠輔さんの「『自分にとって不快』と『社会にとって有害』はまったく別だと義務教育で教えてほしい」というX（エックス）の投稿に、非常に共感したのですが、子どもがのびのびと育つというのは、自分を中心に世界が回っているかのような誤解をさせることではありません。

場合によっては自分も制約を受けることを許容したり、自分のために誰かが制約を受けていることに気づくことも大事でしょう。

『学校の「当たり前」をやめた。』（時事通信社）の著者であり、かつて校長を務められていた東京都の千代田区立麹町中学校にて「宿題廃止」「定期テスト廃止」などの改革を推進し、注目された工藤勇一氏は、「『みんな違っていい』という多様性は、きれい事ではなく、対立を覚悟するということであり、その対立に対してどんな解決策を見つけるかが問題だ」とあるインタビューで語っていらっしゃいましたが、私もまったくの同感です。

そういった姿勢を誰もがもてるようになって初めて、結果として子どもも含めた誰もが自分らしく生きられる、真のインクルーシブ社会が実現するのだと思います。

名古屋私立保育連盟では、「視点はいつも子どもたち」というキャッチコピーを掲げています。子どもが成長したら「まんなか」から外れるのではなく、「一緒に幼い子ども達を見守ろうね」という意図も感じられ、より適切ではないかと思うのですが、これは同じ名古屋の人間としての手前みそでしょうか。

第 6 章

教育と保育が果たせること

最後となるこの章では、未来に向けて求められる保育も含めた教育のあり方について、私なりの考えをお話しさせていただきたいと思います。

そもそも教育の目的とは？

１９４７年（昭和22年）から施行されていた内容をを改正した新たな教育基本法が２００６年（平成18年）12月22日に公布・施行されました。

現行の教育基本法の第１章第１条で規定された「教育の目的」とは以下の通りです。

「教育は、人格の完成を目指し、平和で民主的な国家及び社会の形成者として必要な資質を備えた心身ともに健康な国民の育成を期して行われなければならない」

「平和で民主的な国家及び社会の形成者」を育てるのが教育、ということは、単に「一人一人が生き生きとして幸せな生活を送る」「それぞれの個性を存分に発揮する」ということではなく、それらの上で、自己と同様に他者の人権も守られた状態であり、かつ、広く考えれば、他国から脅かされたり搾取されたりするのではなく、国家として自立し、平和かつ民主的な社会を一緒につくり上げる国民としての資質を育てることが目的、ということです。

『世界がもし100人の村だったら』といった書籍を見るまでもなく、世の中の資産は、全員に均等に分配されるのではなく、ごく一部の勝者に集中し、世界を100人の村に例えると、99人の持つ富の合計は、たった1人の大金持ちの富と、だいたい同じくらいで、50人の貧しい人の手にある富は、全体のたった1%くらいです。

そう思うと、グローバル社会の中で生き残り、経済的な安定を確保しなければ、平和も民主主義も維持が難しくなります。

そのための武器になるのは間違いなく個性的な発想であり、それを実現するための教育です。

だから、それぞれが個性を発揮できるような道筋をつくれるかは、「平和で民主的な国家及び社会の形成者」を育てるための手段として絶対に必要なのです。

つまり、「個性を発揮させること」は教育の目的ではないとしても、それができなければ掲げた目的は果たせない、私はそう理解しています。

そしてこの目的のために必要だとされ、国を挙げて推し進められているのが、「主体的で」「対話的な」「深い学び」という3本柱なのです。

教育の目的と経済競争の関係性について、深く議論するには紙面も私の力量も圧倒的に不足していますが、小久保純一教授の論文「経済成長における教育の役割に関する研究」でも深く論じられている通り、経済成長を促す教育の役割は非常に大きなものがあると思います。

微分積分と織田信長をどう結びつける?

以前参加した教育DXセミナーの講師は、「『主体的で』『対話的な』『深い学び』というのが具体的にどういうものなのかを想像するには、その対義語で考えると良い」と発言されていました。

それはつまり、「受け身的で」「一方的な」「浅い学び」ということで、大変失礼な表現になってしまいますが、そのセミナーの中でも指摘されていた通り、まさに私たち世代が受けてきたようなこれまでの教育のことです。教育が大きく変わったとよく言われるのは、このようなかつてとは真逆と言える方針に転換しているからなのです。

イメージとしては「数学や歴史などの得た『知識』をそのまま出力するだけでは、今後の社会ニーズ、消費者ニーズには適合できない」、「今後の市場競争で生き残ることができない」、ということです。入力された情報をそのまま記憶して出力するだけなら、人間は、すでにコンピューターに全く勝つことはできない。人間が人間として存在価値を高め、今後の社会で生き残るためには、例えば、「微分積分と織田信長をどう結びつけるか」といったことを他の人とも対話しながら考えていき、それを新たな発見につなげていくことではないでしょうか。そういう学びを想像するだけでも面白そうです。

学習指導要領では「教科横断的な学習の充実」が求められていて、2025年1月に実施された大学入学共通テストでは「化学」の試験に「枕草子」が出題されたり「国語」の試験に「ヒス構文」が登場したのは、こういったことの表れではないかと思います。

アクティブラーニングとも呼ばれるこのような学習者主体の学び方は、指導する側も変わる必要があり、単に教える以上の力量も必要なので、どこまで実現できているのかは、私にはわかりませんが、こういう教育が当たり前になれば、次の新たな産業や技術が生まれることは大いに期待できるだろうと思います。

世の中は、すべて「大喜利」なのではないか、ということが私の結論です。

保育施設の取り組みで「体験ゼロ解消」を目指す

そのような中で、義務教育が始まる前の保育はいったいどういう役割を果たせるかと言えば、やはり一つには、とにかくいろいろな体験をさせることだろうと思います。

第4章でも取り上げた『体験格差』という本の中で、著者の今井悠介氏は「様々な『体験』の有無を含めた子どもたちを取り巻く環境は、かれら自身の将来に対する意欲や価値観のあり方をいつの間にか規定していく可能性がある」と述べています。

また、この著書の中で今井氏が言っているように、「本がたくさんある家庭で育った子どもが本好きになりやすい」とか、「音楽を聴くことや楽器の演奏が好きな家庭で育った子どもが音楽を身近に感じやすい」といった傾向があることは誰も否定しないでしょう。

保育施設という福祉の枠組みの中で、どの子にも公平にいろいろな体験を与えてあげられれば、その後の「主体的で」「対話的な」「深い学び」に必ずや良い影響を与えられるのではないでしょうか。

もちろん同じように保育施設を利用していても、そこで過ごす以外の時間の使い方には家庭によって違いがあるので、「体験格差」が一切生まれないわけではありません。それでも、「体験ゼロ」という状況解消への一助にはなるのではないかと思います。

野球の体験なしで大谷翔平は生まれない

最近の小学校では水泳の時間が減っていて、年に3〜4回というところも多くあるようです。そのためか、個別に水泳教室に通う家庭もあり、その結果として、泳げる子と泳げない子の差がつき、学校の水泳授業は泳げる子にとっては楽しいけれど、泳げない子にとっては苦痛なだけの授業になります。

しかし、ある程度の体験さえあれば、本当は誰もが一定レベルまで泳げるようにはなるものです。

水泳を一例に挙げましたが、本を読む、楽器の演奏を楽しむ、工作をする、かけっこをする等、どのような体験も決して無駄にはなりません。だって体験してみなければ、それが好きかどうかもわからないし、それが大事にしたいことかどうか、もっとやってみたいかどうかもわからないのですから。野球を体験したことのない子はいきなり大谷翔平になることはあり得ないですし、今、世の中から求められている「主体性」も、自分の関心や興味がどこにあるのかを自覚して初めて育まれるものです。

自分の優位性を感じる体験が自己肯定感を育てる

これも一つの体験ではありますが、自己表現（アウトプット）の機会をたくさん持たせてあげることも大事だと思います。

言葉で伝えるでもいいし、絵を描くのでもいい、ダンスでもいい。こういった自己表現に取り組むことは、自分の頭で深く考えることでもあります。そして、自分でも気づかなかったような自分の真の思いが溢れ出てきたりします。私自身、こうして本を書いていると「自分はこんなことを考えていたのか」と驚くことの連続です。つまり、これは、自由な発想を広げるための良いトレーニングになるのです。

もちろん自分だけがアウトプットするのではなく、まわりのお友だちの自己表現に触れることも大切です。それは互いを認め合うという意味もありますが、それと同時に「自分の絵は他の子と少し違うな」などと、自分の個性を確認する機会にもなります。

どちらかというと日本の教育現場は、自信を失わせないことを大事にする傾向があり、近年は小学校でもかけっこに順位をつけないなどの配慮がなされているようですが、そのために子どもたちが得意なことで自信を持つ機会が奪われているのではないかという声もあるようです。私自身は、「自分はここが周りの子より得意だ」とか、「これなら一番になれる！」というような自分の優位

我が国と諸外国のこどもと若者の意識に関する調査
【質問】私は、自分自身に満足している（5カ国比較）

【子ども・若者の意識調査】日本と諸外国で違いが目立った「自己肯定感」、一方で「親の愛」を感じるのは共通

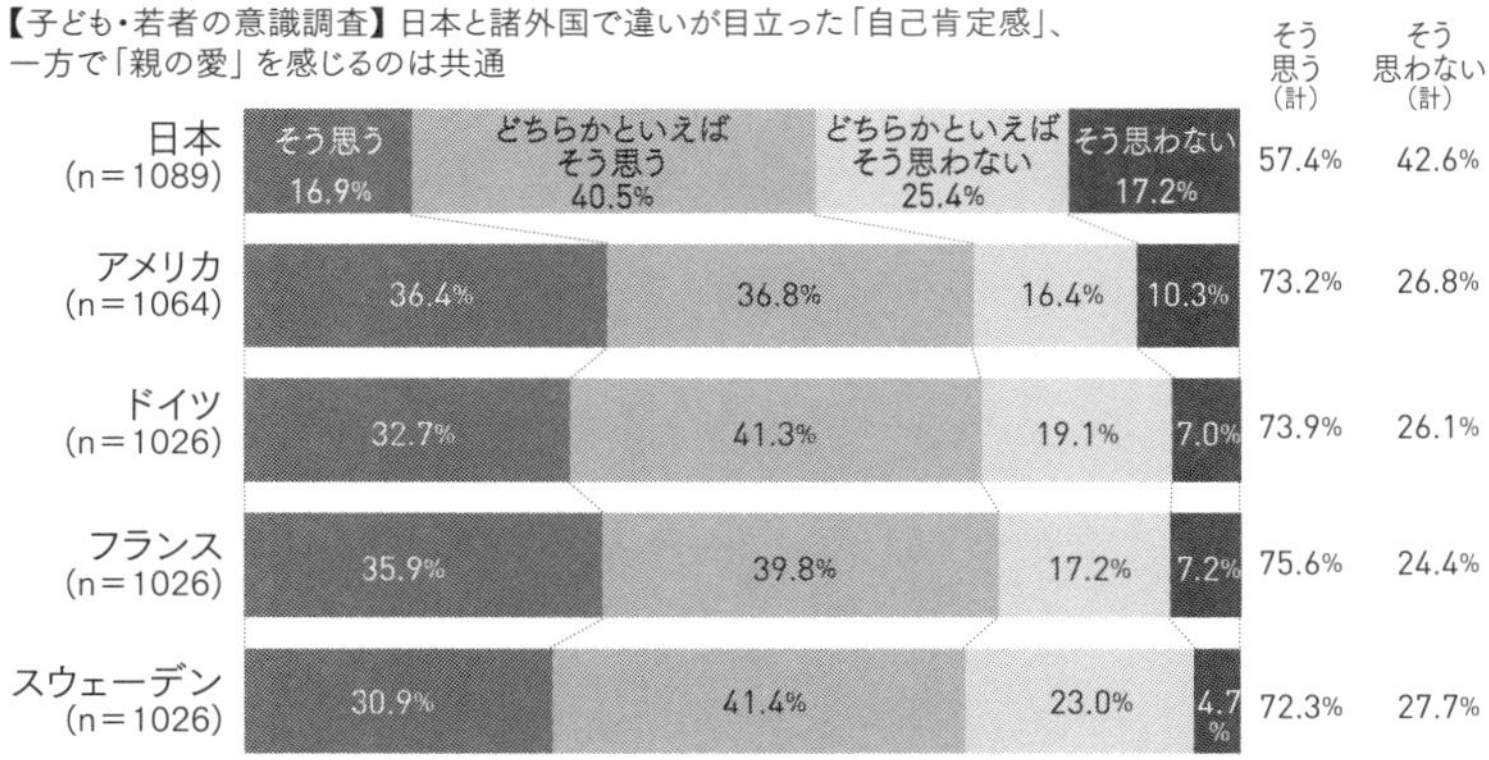

出典／こども家庭庁「我が国と諸外国のこどもと若者の意識に関する調査」（令和5年度）

性を感じる実体験を重ねてこそ、真の自信というものは育つのではないかと考えていますが、いずれにしても、２１８ページの調査結果も示しているように他の国の子どもに比べて極端に低いと言われる日本の子どもたちの自己肯定感をいかにして育てるのかは、教育や保育の大きなテーマだと言えるでしょう。

デジタルネイティブの利点を無駄にしない

「電気のない暮らし」など、古き良き時代の生活を体験させたりすることがとても好意的に捉えられる傾向と同時に、子どもにデジタル機器を触らせるのは教育上良くないと言われたりしますが、その点について私は疑問に感じます。

今の時代、デジタルツールなしでは立ち行かないのですから、小さい頃からスマホやｉＰａｄなどの使い方に慣れ親しんでおく、正しい付き合い方を身につけておくことも一つの選択ではないかと思います。

ガスコンロをひねれば簡単に火をつけられる時代に、わざわざ縄文人のように、木々をこすり合わせた摩擦熱を利用してゼロから火を起こす方法を習得する必要があるのでしょうか。

もちろん、その体験にまったく意味がないとまでは言いませんが、先進的なものを新たに生み出すためには、時代の現在地からスタートできるように導くことも大事だと私は思います。

星空を一生懸命観察することで、自ら地動説を導き出す労苦を思うと、それらの先人の成果を活用し、さらなる発展を目指すべきではないかと思うのです。

変化の激しい時代に対応するためにも、デジタルネイティブと言われる今の子どもたちならではの利点を最大限活かす方法を大人たちは考えるべきだと思います。

失敗やぶつかり合いを恐れない「どろんこ会」

「主体的な」学びというと、子どもの好きなようにやらせることと思われている方もいらっしゃるのですが、この両者はまったく別物です。

詳しく議論を展開するには、誌面が不足するのですが、端的に指摘すると、好き勝手な行動とは主に欲求や衝動に従い、他人への配慮に欠け短期的な快楽や満足が中心であるのに対し、子どもの主体的な行動とは意思や目標に基づき、他者や環境にも配慮しながら試行錯誤を通して自ら体験することです。

それを保育の世界で実践している法人の一つが、「にんげん力。育てます。」を理念とする「社会福祉法人どろんこ会」です。詳細はWｅｂサイト（https://www.doronko.jp）などで確認できますが、どろんこ会の子育ては、「年齢が違う子同士、障害の有無関係なく、どの子もやってみたいこと・思い通りにならないこと、すべて実際に経験する」ことを特徴としています。

0歳児から畑作りに参加させ、小さい子のごはんを盛り付けるのは、大きな子の役割なのだそうです。しかも、先生の指示のもとではなく、誰がやるのかは子どもたち自身が決めるのだとか。

「子ども達は一緒に仕事をする中で、相手を頼り、意見を言い合い、相手のやり方を受け入れ、物事を進めていく場面を経験」（Ｗｅｂサイトより）するとのことですが、その過程では、たくさん失敗や子ども同士のぶつかりあい、場合によっては物が壊れたり、小さな怪我をすることは日常茶飯事でしょう。逆に言うとそういう過程を経てこそ、真の「にんげん力」は育まれるのだろうと私も思いますし、そういう意味では「一つの理想的な保育の形だよなあ」という憧れもあります。

「夢みる小学校」的な教育なら日本の未来を変えられる

どろんこ会の小学生版とも言えるのが、映画「夢みる小学校」（２０２１年製作／２０２４年には「夢みる小学校　完結編」も製作されている）でも取り上げられた「きのくに子どもの村学園」（元大阪市立大学教授の堀真一郎さんが学園長を務める私立の学校法人）です。

この小学校には宿題もテストも、さらには「先生」という存在もなく、体験型の学習の授業を子どもたちが自ら実践しています。まさに、「主体的で」「対話的な」「深い学び」のお手本のような学校だと言って良いでしょう。

「きのくに子どもの村学園」のユニークな取り組みが描かれた映画「夢みる小学校」

「バカの壁」でもお馴染みの養老孟司さん（解剖学者）は、この映画に対して、「小学校はこれでいいのだ、という感を深くした」というコメントを寄せていらっしゃいますが、確かにこのような教育がすべての小学校で実現するのだとすれば、日本の未来も大きく変わっていくのかもしれません。

「一斉にやること」にも教育上の意味はある

それでは、「主体的な」教育は、一般的な保育施設や小学校の「一斉教育」ではできないのかと言われれば、決してそうではないとも思います。もっと言えば、年齢が低ければ低いほど、一斉に教えなくてはいけないこともあると私は思っています。

保育現場ではできるだけいろいろな体験をさせたいという話はすでにしましたが、「水泳はやりたくない」とか「絵を描くのは嫌だ」という子がいたらその気持ちを尊重することが必ずしも正しいわけではなく、体験する、経験するという環境の構築にも大きな意味があると思っています。

「実際にやってみる」という体験がなければ、それが好きかどうかがわからないのと同様に、本当に嫌いなのか、本当に苦手なのかも把握することはできません。もちろん、無理やりにやらせた結果、本来好きになるはずのものを嫌いになったりすることを避けるよう、やり方を工夫する必要はありますが、基本的には「みんなと一緒にやる」ことを前提に、「一切やらない」という選択肢は極力なくしたいと考えます。

映画「小学校～それは小さな社会～」が、2024年12月に公開されました。幼い頃を日本で過ごし、現在アメリカで活躍されている本作の映画監督が自身の〝強み〟について、すべて日本の公立小学校で学んだ〝責任感〟や〝勤勉さ〟に由来していると気づかれ、日本社会の未来を考える上でも、日本の公立小学校でのリアルな姿を取りたいとの思いで作られた作品です。教育大国フィンランドをはじめ、海外でも高く評価され、大ヒットしています。

小学校を知ることは、本来の日本を考えることと、本映画は投げかけていますが、小学校は、子どもたちにとって、保育の先に待っている生活であり、これらの作品を通じて、改めて再び保育についても思慮を広げていただきたいと思います。

重要なのは、「その先」へとどう導くか

一斉保育と主体的保育が二項対立として語られる場面も多く見かけますが、決して排他的な内容ではありません。

双方の特徴を基に子どもたちの主体性と自己肯定感を育み、教育基本法で示される「平和で民主的な国家及び社会の形成者を育成する」という目的に向けて、少しでも教育レベルを向上させる、という「その先」へ導くことが重要です。

幼児教育は人格形成の基礎として非常に重要ではあるのですが、当然、幼児教育だけで人の人生が完結するわけでなく、保育園を卒園した直後の小学校教

育から、広くは成人になった後の社会人としての継続的な学びも含め、時代や技術等の変化にも追従しながら、自己成長を続けることが重要です。

そういった幼児教育は、保育園ではなく、学校施設として定義されている幼稚園でも同様です。では、幼稚園ではなく、児童福祉施設として定義されている保育園、幼保連携型認定こども園としての社会的使命は何か、幼稚園ではなく保育園としての独自の存在意義は何か、ということを常々考え続けています。

おそらく、地域のセーフティーネットとして、社会のネットワーク等から外れてしまうリスクを抱えた子ども及び子育て家庭に対し、支援の手を差し伸べ続けることではないか。それこそが、保育施設の果たすべき役割として、保育施設としての独自の存在意義として、幼児期に最も重要なのではないか。そして、その役割を、施設として独占するのではなく、地域機能に返還することではないか。

今は、そのような思いに至っています。

社会のレールから外れてしまった方々の人生は、石井光太著の『漂流児童』にも詳しいのですが、そういった状況を強いられる方が一人でも少なくなり、社会全体の温かい見守りの中で、子どもたち、そして、子育て中の保護者の方々が、幸せに暮らせること。それが「平和で民主的な」社会を目指すために必要なことではないか。

そんな思いで、私は今日も日々の業務に向かっています。

おわりに

保育というテーマは、単に子どもを預かるだけの仕組みではなく、社会全体の未来を形作る大切な基盤です。しかし、その重要性が正しく理解されず、誤解や偏見、あるいは旧態依然とした制度や慣習が、保育の現場に重くのしかかっています。

私自身、保育業界に足を踏み入れた当初は、効率性や合理性を重視する一般企業との違いに衝撃を受けました。変化を恐れ、「いつも通り」に固執する業界体質は、解消されるべき不便や矛盾を保育現場に生んでいました。しかし、それでも保育士たちは日々、子どもたちの笑顔や成長を支えるために全力を尽くしています。その努力があるからこそ、私たちは日々安心して社会生活を送ることができるのです。

保育施設は、単なる「預かり所」ではなく、子どもたちの心と体を育てる大切な教育・福祉の場です。私たちは保育士や現場スタッフに過度な期待を寄せるのではなく、その働きを正しく評価し、適切な環境と制度を整える責任がありますそして、それは行政や経営者だけでなく、保護者や地域社会、さらには社会全体で取り組むべき課題なのです。

現在の保育業界には、さまざまな課題が山積しています。待機児童問題は一定の改善が見られたものの、保育士の過重労働や低賃金、キャリアパスの不透明さは依然として深刻な問題です。また、保護者と保育現場との間には、認識のズレや期待値のギャップが存在しています。こうした課題を解消しなければ、真に持続可能な保育制度を築くことはできません。

私が理想とする社会は、「保育施設がなくても誰も困らない社会」です。この言葉だけを切り取ると、「保育施設は不要だ」と誤解されるかもしれませんが、私の真意が異なることは本書でお伝えした通りです。保育施設が必要とされる社会的背景——親が働きながら子育てをするために保育を必要とする状況——そのものを変えていかなければ、根本的な解決には至らないということです。目の前にある課題を一つずつ解決し、少しずつ社会を変えていくこと。その積み重ねが、未来の子どもたちに明るい希望をもたらすのだと信じています。

保育の質を高めるためには、制度の見直しや現場の改善だけでなく、社会全体の意識改革が必要です。保育士という仕事にもっと敬意が払われ、適正に評価されるようにならなければなりません。また、保護者一人一人が「預ける側」ではなく「共に育てる側」として保育施設と協力し合う関係を築くことも欠かせません。

さらに、私たちが考えるべきは「次世代に何を残すのか」という問いです。少子化が進み、人口減少が避けられない今だからこそ、一人一人の子どもたちを大切に育み、未来を担う人材として育てていかなければなりません。それは単に保育施設の役割だけではなく、社会全体が担うべき責任でもあります。行政、企業、地域、家庭――それぞれの立場でできることを積み重ね、協力し合うことで、私たちはより良い未来を築いていけるはずです。

本書を通じて、保育に関する現状や課題、そして未来に向けた理想の姿を少しでも感じ取っていただけたなら、これほど嬉しいことはありません。そして、この本が一人でも多くの方にとって、保育について考え、行動を起こすきっかけになれば幸いです。

最後に、保育に関わるすべての方々——保育士、保護者、行政関係者、経営者、そして地域社会のみなさまに、心からの敬意と感謝を申し上げます。

私たちはみな、それぞれの立場で子どもたちの未来を支える大切な役割を担っています。その役割を果たすために、これからも共に力を合わせて歩んでいきましょう。

未来は、私たち一人一人の小さな行動から始まります。今日からできること、今すぐ取り組めることに目を向け、一歩ずつ前に進んでいきましょう。

最後まで本書をお読みいただき、本当にありがとうございました。

近藤敏矢

近藤敏矢

こんどう　としや

社会福祉法人みなみ福祉会理事長。

1969年生まれ。1994年、名古屋大学大学院情報工学専攻修士課程修了ののちNTTに入社し、研究者として従事。その後、実家である保育園を継ぐことを決意。1999年に社会福祉法人みなみ福祉会に入職し、2004年に笠寺幼児園園長に就任。2019年、同法人理事長就任。

保育園から認定こども園へ移行して複数の施設を運営する方針に舵を切り、４年間で新たに５つの施設を展開。ペーパーレス化、経理システムの独自開発など業務のデジタル化に取り組む一方、経営コンサルタントを活用して積極的な改革を推し進めている。

現在は、保育等の福祉がなくても誰も困らない地域づくりを目指して尽力しており、保育および社会福祉法人関係者を対象に、DXや組織マネジメントに関する講演も行っている。著書に『ここが変だよ、保育園』（幻冬舎メディアコンサルティング）がある。

親が知らない保育園のこと

2025年３月20日　初版第１刷発行

著　者　　近藤敏矢

発行所　　株式会社 游藝舎
東京都渋谷区神宮前二丁目28-4
電話 03-6721-1714
FAX 03-4496-6061

印刷・製本　　中央精版印刷株式会社

編集協力　　熊本りか
デザイン・DTP　　本橋雅文（orangebird）